Lodene

LODENE

June Botha

naledi

Eerste uitgawe, eerste druk: 2020

Naledi www.naledi.online

Teks © J Botha 2020
Eerste uitgawe © Naledi 2020

Omslagontwerp en uitleg deur Karen Cronje
Geset in 12 op 15 pt Adobe Garamond Pro

Eerste uitgawe, eerste druk: Naledi, September 2020

ISBN: 978-1-928518-76-1

VOORWOORD

Helaas, 'n verborge geheim word na vyf-en-dertig jaar ontbloot. Om met 'n geraamte te stoei is om met die dood self kragte te meet, en sekerlik nie die gewenste ervaring vir enige persoon wat verkies om die stukkie hel diep onder in die kas weg te steek nie. Die lewe gee immers nie waarborge nie, en so ook nie die verlede nie. "Vertel dit soos wat dit was." En daarmee is die waarheid ontbloot in 'n storie wat iewers in die donkerste gedeelte van 'n mense-siel onthul en omskep is, in 'n eg boeiende verhaal wat die leser meesleur tussen emosies van liefde, teleurstellings, pyn en haat.

"'n Lewe vir 'n Lewe," is daar gespreek en Lonika in 'n skommeling van doodsheid gelaat terwyl sy vir die lewe van haar baba gepleit het. Die verhaal het plaasgevind in 1983 toe 'n jong vrou haar hart verloor het op dié van 'n gesiene sakeman, Wilhelm.

"Verlief en verlore," sou Stephan skouerophalend, met 'n strak gesig sê terwyl hy hulpeloos toesien hoedat sy broer, Wilhelm, oornag verander in 'n ongenaakbare, gevoellose, eggenoot wat die lewe van sy ongebore baba op agterbakse wyses probeer beëindig. Wie het daadwerklik agter die onheil geskuil? Was dit Wilhelm se ma, 'n hartvogtige, kil, ou vrou of was dit sy jong, wulpse, blondekop beminde?

DANKBETUIGING

Ek dra hierdie boek op aan al die mammas wat deur aborsies gegaan het, ongeag die omstandighede. My gedagtes is by die pappas wat die verlies van aborsies eweveel beleef. Ek dra hierdie boek op aan die babas wat hulle lewe verloor het en dié wat aborsie oorleef het. Ek het deur die oë van Lodene meer geleer oor die gevoel van verwerping, genesing en vergifnis as wat enige lewensles my ooit sou kon leer. Bowenal het ek ook geleer wie my Bron van genade is. Spesiale dank aan my drie dogters, Lodene, Junick en Mariska. Julle maak my trots vir wie julle IS. Darelle de Lange wat die redigering, proeflees en vertaling waargeneem en dae en nagte deurgewerk het sonder enige vorm van murmurering. God laat 'n mens se siel knoop op die regte tyd. Dankie vir die wonders wat jý is. Wilna Dippenaar, jou stil gees voed my drang na skryf. Dankie dat jy weer-en-weer gelees het en dat jy daardeur die skemer van my gemoed kon verlig. My hartlike dank aan Johan Coetzee van Naledi Uitgewers, Tersia Swart en Karin Cronje wat die uitleg van die boek hanteer het. My hart gloei van dankbaarheid vir elkeen van julle.

EEN

"Een van daardie dae," mompel Lonika binnensmonds terwyl sy haar arm ergerlik in die mou van haar rooi jas steek. Sy gryp die woonstelsleutels met haar vry hand, druk dit vas tussen haar tande, skraap haar handsak van die bed af op en knyp dit onder haar arm vas. Sy drafstap voordeur toe. "Ek's laat," flits dit paniekerig deur haar gedagtes. Sy sluit die deur met vinnige bewegings oop en laat haar oë opsommend oor die reëntoneel voor haar gly. "Brrrr, die weer is grys en koud," ril haar lyf. Sy glip haastig by die deur uit en swaai dit ongeduldig met haar skoensool weer toe, sluit dit en drafstap na haar ligblou Datsun motor wat onder die afdak geparkeer staan. Sy sukkel om die sleutel in haar haas in die motordeur se slot te druk en sug van verligting as sy na die derde probeerslag dit oopsluit. Sy gooi haar handsak liggies op die passasierskant en skuif agter die stuurwiel in.

Sy voel trots op haar nuwe motor wat sy twee maande gelede gekoop het. Heelwat veiliger en vinniger as die mini waarmee sy bykans vyf jaar rondgery het. "En dit ruik nuut," fluister sy trots. Sy skakel die enjin aan en ry versigtig uit haar parkering. Sagte reëndruppels vorm spatsels op die voorruit. Sy ervaar 'n gevoel van geluk en tevredenheid terwyl sy in die besige hoofstraat indraai, Krugersdorp toe.

Lonika is aangestel as 'n personeelassistente by 'n groot motorhandelaar. Van haar take sluit ook sekretariële verpligtinge in. Sy trek die kraag van haar jas stywer teen die lyn van haar rooibruin nekhare op sodra sy haar bestemming veilig bereik. Haar lewendige groen oë verken opsommend die afstand tussen die nat parkeerterrein en die groot glasdeure van die ontvangsarea. Sy raap haar handsak van die sitplek af op, sluit haar motor en koesdraf tussen die reënpoele deur totdat sy veilig die ontvangskantoor binnegaan. "Môre Petro," groet sy opgewek en verwys ironies na die onvoorspelbare weervoorspelling terwyl sy haar bypassende rooi skoentjies met 'n sneesdoekie afvee. Petro lag vrolik terug en bevestig Lonika se dubbelsinnige opmerking. Alhoewel Lonika kort van postuur is, komplimenteer haar slanke liggaamsbou haar vinnige bewegings terwyl sy die trappies uitdraf na die boonste verdieping toe. Dit is haar tweede betrekking nadat sy gekwalifiseer het in personeelbestuur. Sy glimlag opgewek as sy haar senior bestuurders groet. Sy sit haar handsak in die onderste laai van haar lessenaar en stap kombuis toe om die gebruiklike oggendkoffie vir haar bestuurders te skink. Dan begin haar dagtake. Sy blaai belangstellend deur die dagboeke en verskuif afsprake waar dit nodig is. Sy tik korrespondensie en antwoord nimmereindigende telefoonoproepe totdat sy rustig agter haar lessenaar uitskuif om tydens haar etensuur saam met Petro, 'n hoenderpastei en slaai in die kantien te gaan nuttig.

Hulle deel skertsend die oggend se gebeurtenisse en sluk die laaste bietjie lemoensap voordat hulle terugstap na hulle afsonderlike werkstasies toe. Die grys dag het ontplooi en die son het die glinsterdruppels opgeslurp sodat net 'n oorblywende lui sonstraal die helder van die dag met 'n swak grysskynsel verkleur. "Laataand kaggelvuur met 'n warm beker milo," glimlag Lonika saggies terwyl sy terugstap kantoor toe.

Sy hoor die telefoon lui as sy om die hoek van die gang kom en stap vinniger om dit betyds te antwoord. Sy leun oor van die anderkant van die lessenaar en skraap die gehoorstuk op. "Meneer Conradie se kantoor, waarmee kan ek help?" 'n Oomblik se stilte voordat sy haar suster se stem erken. "Haai Sus, wat maak jy vanaand? Ek beplan… iets vir jou," babbel Aliske se opgewekte stem terwyl sy met tussenposes huiwerend keel skoonmaak. Lonika vertrou nie haar suster se vraag nie en nog minder, uit vorige ondervindings natuurlik, die sogenaamde 'beplan iets' nie, en trek stadig 'n twyfelagtige streep met haar voorvingers deur haar loshangende hare terwyl Aliske onverpoosd voortgaan. "Ek wil jou aan iemand voorstel." Oomblikke van afwagtende stilte volg. Dan klink Aliska se stem meer oortuigend. "Jy sal van hom hou. Hy is 'n motorhandelaar. Ek doen al sy aansoeke by die bank. Hy is geskei." Weereens heers daar stilte aan beide kante. Aliske het nie breed aan geduld nie en klink heelwat verergd as sy die afspraak kortaf beklink. "Goed, ek sê hom sewe-uur sal jou pas." Lonika het 'n euwel aan die vrypostigheid waarmee Aliske haar in 'n afspraak indwing. Aliske gaan egter onversteurd voort, "én hy is die eienaar van J.S Motors." "So asof dit saak maak," dink Lonika vies en gly haar vingers vir 'n tweede keer vinnig deur haar hare. Sy strengel ongeduldig 'n stukkie los haarsliert tussen haar duim en wysvinger vas terwyl sy haar woorde herdink, vasgevang tussen magtelose irritasie en opstandigheid. "Dit is nie nou die tyd om met Aliska te redekawel nie," kalmeer haar rebelse gedagtes haar. "Goed dan. Afspraak gereël. Ek gee vir hom jou adres en…. vir ingeval jy gewonder het, sy naam is Wilhelm," beëindig Aliske summier die gesprek voordat Lonika 'n kans kan kry om haar planne in die wiele te ry.

Lonika voel omgekrap en is van voorneme om Aliske later die middag terug te skakel en die afspraak te kanselleer. Sy raak egter bedrywig en die dag spoed vinnig voort. Sy herleef etlike oomblikke weer die onverwagse oproep en kan nie help om aan die naderende afspraak te dink nie. Miskien moet sy maar Alikse haar wil laat gaan en haar later ernstig oor die vingers tik. Tevrede oor haar besluit ervaar sy 'n goeie gevoel en haar gemoedstoestand verhelder as sy innerlik glimlag by die gedagte dat sy inderdaad vasgevang is in die middel van die spreekwoordelike *blind date*. Sy trek haar skouers liggies nadenkend op. "Sal nie weet as ek nie probeer nie," erken sy heimlik. Sy skuif die kabinetlaai saggies toe, stap na haar lessenaar en tik die volgende punt wat op haar doenlys aangeteken is, af. "Die ding kan my net nie los nie," sug sy saggies geïrriteerd teenoor haarself en staar doelloos na die handgeskrewe lys. "Watter ding?" vra Petro onverwags van die deur af. Lonika wip soos sy skrik en kyk blosend skuldig op na waar Petro oudergewoonte om die deur hangloer.

Petro stap die vertrek heupswaaiend binne en trek die stoel

vermakerig oorkant Lonika se lessenaar uit. Lonika verkyk haar aan Petro se koddige houding en wonder of sy ooit gewoond sal kan raak aan Petro se skranderheid. "Is die base in?" vra sy goedsmoeds terwyl sy haar kop skalks in die rigting van die naburige kantore knik. "Nee," antwoord Lonika bot en wens sy het nie so hardop gedink nie. "Nou toe vertel," moedig Petro Lonika aan en skuif haar een been oor die ander terwyl sy haar bolyf vorentoe buig. Lonika staar moedswillig geheimsinnig na Petro. Petro trek haar oë skrefies, gemaak waarskuwend. Lonika lag saggies en swaai Petro se kwaai blik met 'n bekende handgebaar weg terwyl sy haar skouer traak-my-nie-agtig optrek. "Ag, dis my kleinsus wat my opgesaal het met 'n afspraak vanaand," sê sy gemaak argeloos. "Wonderlik!" spring Petro se bolyf regop en sy gooi haar hande opgewonde die lug in. 'n Warm gloed bekruip Lonika se kraag en kleur haar gesig opnuut blosrooi. Sy gluur haar vriendin versteurd, en duidelik in 'n verleentheid, aan. "Uiteindelik het jy ook 'n lewe," brabbel Petro opgewek voort en kyk verbaas onthuts na Lonika. Sy merk die ongemak op Lonika se wange en lag uitbundig, tergend.

"Dis vrolik hier," groet Meneer Conradie onverwags en stap na sy kantoor toe terwyl sy opsommende blik oor die dames gaan. Petro rank langwerpig uit haar sitplek op, trek haar kreukelromp reg, maak keel skoon en vorm terselfdertyd groot duidelike liptaalwoorde terwyl sy Lonika se aandag streng gevange hou. "Sien jou later." Dan stap sy op haar tone onverpoosd by die deur uit. Lonika geniet 'n oomblik van innerlike pret en knik glimlaggend terwyl sy Meneer Conradie se dagboek belangstellend nader trek, onbewus daarvan dat hy sy middag afspraak gekanselleer het. Lonika sug saggies - gelukkig en glimlag weereens as sy Petro se komiese gebaar herroep. Sy besef instinktief dat haar gemoed verander het en dat sy weldrae uitsien na die afspraak van vanaand. Sy trek die volgende opdrag nader en tik die opskrif in die middel van die blad. "Notule 0256 van 19 April 1983". Die dag se uurwyser het aangeskuif. Aanstoots sal Lonika haar tikmasjien se seiltjie oor die sleutelbord trek en haar handsak met nuwe vooruitsigte vir die aand, oor haar skouer gooi.

Die muurhorlosie se silwer wyser staan net skuins na half vyf toe Lonika Meneer Conradie groet en haar kantoordeur op knip trek. Sy glimlag gemoedsvervuld en stap geluidloos met die gang af. Haar handsakbandjie gly moedswillig speels oor die naat van haar rooi jas terwyl sy die trappies na onder ligvoets afstap. Gevul met heilsame verwagtinge, speel haar jas willekeurig om die lyne van haar liggaam en voed haar gemoed met vrywillige vryheid. Die krakende nat grysklippies versteur die oppervlakte van die terrein as sy vinnig drafstap na waar haar motor onder die afdakke staan. Sy sluit haar motordeur oop en plaas haar handsak langs haar op die sitplek. Die laatson trek oranjegeel strepe oor die golwe van haar rooibruin hare terwyl sy haar motor stadig in beweging bring. Die gode van geluk vou hulle hande eerbiedig saam en vul die atmosfeer met afwagting, met heilsame verborgenhede en die hoop op môre, want dié sorg vir homself. Die hekwag knoop sy tong vriendelik in 'n groet as Lonika die vreemde van haar bestaan binnegaan.

TWEE

Wilhelm is 'n twee-en-dertigjarige, aantreklike sakeman. Hy is onlangs geskei en is die eienaar van J.S Motorhandelaars in die hoofstraat van Randfontein. Alhoewel hy jonk is, is hy alreeds 'n gerekende onder die ouer besigheidsmanne in die dorp.

Hy geniet sy luukse, Japanees vervaardigde sportmotor en vryf innemend oor die Nissan Leopard se aanvallige afwerking terwyl sy gedagtes terugkeer na die dag toe hy die motor by die doeane in Durban in ontvangs geneem het. Hy het in sy ligtelike bui instinktief die motor *'Silver Devil'* gedoop en het hom verlustig aan die dieprooi, egte leerbekleedsel. "Daars mos niks so lekker as 'n man wat voet in die hoek sit nie!" lag-gesels hy met homself en stoot die spoedmeter verder oor honderd-en-veertig kilometer per uur op die snelweg oppad werk toe. Hy is genoodsaak om skerp rem te trap toe die robort onverwags wissel van oranje na rooi. Hy mompel binnensmonds en gooi sy hande magteloos die lug in. Dan verlig sy bui as hy die volgende vier robotte op die hoofpad met 'n welkome groen begroet. Hy glimlag innemend en klop homself liggies op sy denkbeeldige skouers soos wat hy telkens doen as hy 'n meesterlike oorwinning behaal. *"Well done,* ou maat," fluister hy saggies en sing triomfantlik selfvoldaan saam met Joe Dolan: *"I'm happy and contented just to live a single life, and that's the reason why I don't intend to take a wife,"* terwyl hy met sy vingerpunte ritmies op die stuurwiel tik.

Hy sluit die kragtige VG 3.3 liter enjin met die laaste voltooiing van die woorde *"...intend to take a wife"* af, neem die los bankaansoeke wat op die passasierskant van die sitplek lê en wink terselfdertyd een van die diensjoggies nader om die oggendlesing van die petrolpompe vir hom te bring. Wilhelm is in 'n wit hemp en swart broek geklee. Die rooi letters *J.S Motors* staan duidelik leesbaar op die bo-sak van sy hemp.

Wilhelm knip sy bruin oë vinnig as hy die vertoonlokaal binne stap. Alhoewel hy donker lense dra om die sensitiwiteit van die son af te weer, is dit vir hom ongemaklik om van buite af 'n vertrek binne te gaan as die lense etlike oomblikke neem om aan te pas by sy onmiddellike omgewing. Wilhelm is 'n vinnige man wat vinnige besluite neem en stap, effens verblind, vlugtig deur die donker vertoonlokaal na sy kantoor toe om vroegdag die verkoopstransaksie met die bank te finaliseer. Hy weet Aliske is teen hierdie tyd alreeds op haar pos by Trustbank. Daarom skakel hy die bekende nommer by kliëntediens sonder om na die syfers op die skakelbord te kyk. Hy luister na die eentonige luitoon van die foon en tel dit twee-twee terwyl dit lui. "Op luitoon vyf sal sy antwoord," praat hy met homself. Hy weet nie waarom sy altyd vir vyf luie wag nie. "Dis mos eenvoudig: een, twee........ drie, vier........en vyf," mompel hy voort en glimlag heimlik vir homself as Aliske op die vyfde luitoon antwoord. "Nooit verkeerd nie," gaan sy gedagtes voort. Wilhelm maak sy stem saaklik en wag ongeduldig dat Aliske haar formele rympie 'Trustbank kliëntediens. Goeiemôre, dit is Aliske.....' afhandel voordat hy haar goedsmoeds op die noem van haar naam in die rede val. Op grond van sake is hy die belangrikste kliënt in die Wesrand, dink hy trots. "Aliske, dis Wilhelm, van J.S Motors," voeg hy terloops by vir ingeval dit haar ontval het. "Ek faks vir jou 'n aansoek deur. Moet nie draai met die goedkeuring daarvan nie." Hy sien haar denkbeeldig knik en sluit af met: "Jy's 'n uitstekende konsultant." Dan plaas hy die gehoorstuk terug op die mikkie en skuif die aansoekvorm deur die faksmasjien. Hy merk terselfdertyd op dat Stephan, sy broer en ook J.S Motors se verkoopsman, die vertoonlokaal se groot skuifdeure oopskuif. "Besigheid het begin," groet hy Stephan saaklik en wag dat Stephan sy kop by die deur insteek. "Koffie?" vra Stephan vriendelik en stap sonder om te wag vir 'n antwoord kombuis toe.

Wilhelm is korter as Stephan in lengte. Maar die twee broers se dik, swart bosse krulhare maak hulle 'een van 'n soort' soos wat hulle pa sou gesê het. Wilhelm is die 'breinman', Stephan die 'doenman' - die 'handelsman'. "En dit het niks met intelligensie óf breinkrag te doen nie," sal Stephan luidkeels verdedig. Stephan sit die koffie op Wilhelm se lessenaar neer en trek 'n plekmatjie nader met sy duim. Hy weet allermins dat sy broer van netheid hou en 'n koffiemerk op die imbuia tafel kan dalk sy maandelikse kommissie beteken. "Hoe lyk besigheid, Ouboet?" vra Stephan goedsmoeds terwyl hy oorkant Wilhelm op die sitplek plaasneem. "Dis 'n goeie maand," antwoord Wilhelm ingedagte terug, slurp 'n slukkie koffie en skuif 'n paar aansoeke op sy lessenaar rond. Stephan besef dit is die tyd wat hy moet spore maak. Sy broer is besig. Hy stap met sy beker koffie na sy lessenaar in die vertoonlokaal toe en onthou dat hy 'n kliënt belowe het om sy besonderhede af te neem.

Stephan groet sy mede kollega met 'n opgewekte glimlag as Oom Dewald by die deur instap, reguit kombuis toe. "Bot," dink Stephan, "is nie 'n gewensde eienskap vir 'n verkoopsman nie." Maar hoe dit ookal sy, hy wat Stephan is, wil hierdie maand 'n rekordmaand vir homself maak, want hy dink al 'n geruimde tyd aan 'n drie weke vakansie by die see. Oom Dewald skuif bekers hardhandig in die kombuis rond en Stephan se digbegroeide wenkbroue skiet die hoogte in. "Vandag gryp broer Wilhelm jou duskant jou gort en knoop jou derms drievoudig om jou welbedeelde middellyf," brom Stephan binnensmonds.

Die foon lui in Wilhelm se kantoor en Stephan luister met tussenposes na die gebroke gesprek terwyl hy opsoek is na die nommer van sy nuwe kliënt. Hy hoor egter dat Wilhelm met Aliske praat en vestig sy aandag op hulle gesprek. "Dankie. Jy is ongelooflik…, soos gewoonlik," beloon Wilhelm Aliske goedmoedig. Stephan merk die huiwer in Wilhelm se stem. "Vanaand? Jou suster......?" 'n Frons keep op Wilhelm se voorkop. Stephan hang regs oor sy stoel sodat hy sy broer in sig kan kry, maar besef dis 'n hulpelose poging as die stoel skielik onder hom kantel. Hy herwin sy balans en skuif die stoel saggies ongemerk agteruit en stap niksbeduidend na Wilhelm se kantoor toe. "Nuuskierigheid is die duiwel se oorkussing," tart sy gewete hom terwyl hy die laaste koue koffie uit sy beker sluk. Hy loop moedswillig stadig verby die deur en spits sy ore. "Goed. Om sewe-uur. Wat is haar naam?" Wilhelm skryf die naam neer. "Adres?" vra hy, na wat meer na 'n opdrag klink, as 'n vraag. "Hamburg woonstel 10, Witpoortjie," herhaal hy terwyl hy die inligting afneem. Dan hoor Stephan die laaste deel van die gesprek voordat hy indraai by die klein kombuisie om twee koffies te maak. As hy sy ouboet se hart wil week maak sal koffie die truuk doen. Hy skakel die ketel aan en stap vinnig uit die kombuis sodat hy beter kan hoor. "Goed. Goed, dan is ons kwits," hoor hy Wilhelm sê wat aflui sonder om te groet.

Stephan glip vinnig terug in die kombuis en haal twee skoon bekers uit. Hy gooi die gewone twee lepels koffie en drie lepels suiker in. Dan fluit die ketel sy bekende stoomkreet. Stephan skud die melk in die melkhouer met 'n paar vinnige hale voordat hy die warm water en melk gelyk in die bekers gooi sodat dit 'n bondel witskuim op die bolaag van die bekers vorm. "So jaaaa......" grom sy basstem ingenome, "nou kan Ouboet sy fondse besing." Hy plaas die melk vinnig in die yskas en skop die deur met sy regter voet toe, gryp die bekers aan die ore en stap met lang vinnige tree na Wilhelm se kantoor toe. Hy sit sy koffie op die sytafeltjie langs die gastestoel neer. Hy weet instinktief dat hierdie 'n indrukwekkende en lang gesprek gaan wees. Hy trek die plekmatjie, met die ou koffie beker van vroeër vanoggend, nader en vervang dié met die varsgemaakte koffie. Hy sit die ou koffie beker langs syne op die sytafeltjie neer. "Ouboet mag die nek van die plek wees maar dit sal wonders verrig as hy sy eie skottelgoed so af-en-toe verplaas kombuis toe," dink hy nukkerig terwyl hy been oorkruis in die gemakstoel gaan sit en sy broer met vraende oë betrag. Wilhelm mompel dankie en vat 'n mond vol warm koffie. Hy kyk na Stephan. "Hoe lyk die *sales*, Boetman?" vra hy. "Is oom Dewald al hier?" En wys met sy wysvinger na die vertoonlokaal. Stephan bly 'n rukkie stil, slurp onnodig hard aan 'n sluk koffie om sy onderdrukte ontevredenheid te verbloem en besluit om die eerste vraag te beantwoord. "*Sales* is goed, Ouboet." Hy kan kraak van nuuskierigheid. Hy haal weer ongesiens diep asem, trek nog 'n sluk koffie deur sy keelklep en vra kamtig ongeërg: "So, wat sê Aliske?" Hy kyk so terloops oor sy beker se rand na Wilhelm. Maar dié se gedagtes is verdiep in 'n nuwe kontrak wat hy nader geskuif het. Stephan sug opmerklik. Skuif weer die een been oor die ander. Dit is duidelik dat hy Wilhelm op 'n ander manier moet benader. "As hy tog net die man aan die praat kan kry," dink hy. "Lyk die *deals* darem *positive*, Ouboet?" vra hy en strek sy bolyf effens na hoër om meer belangstelling te toon in die nuutgevonde kontrakte wat Wilhelm se aandag geniet. "Jaaaa," sug Wilhelm en beklemtoon die 'ja' met 'n versteurde blik op sy gesig. "Ek moet konsuis haar suster vanaand ontmoet, want ek skuld haar. Sy sit mos al ons deals deur. Ghumf..." Snorkblaas Wilhelm deur sy neus en stoot die kontrakte oor sy lessenaar na Stephan toe. Stephan sien die misnoeë op Wilhelm se gesig en kyk net vinnig oor die aansoekvorms se voorste blad. "Jaaaaa," bevestig - sug hy, aangeraak deur sy broer se verslaentheid en spreek verkieslik nie die volgende gedagte uit nie. "Geen man wat pas geskei is, wil hom indink in 'n verhouding of ontmoetings met die evasgeslag nie." Stilte, voordat Stephan sy gesprek hervat. "Toemaar, Ouboet. Ek is seker sy kan nogal iets vir die oog wees. Aliske is self nie 'n onaantreklike poppie nie en nogal sexy daarby." Weer 'n kort stilte as Stephan sy volgende woorde saam met sy koffie bepeins. "Ons het die *deals* nodig. Sien dit as 'n saketransaksie," adviseer hy sy broer. Wilhelm staar besonder geamuseerd na Stephan. 'n Klein glimlaggie verhelder sy gesig terwyl hy opsommend na Stephan kyk. "Wanneer het die boetie van hom so ongemerk 'n wyse man geword?" dink hy. Hy kyk na Stephan asof hy hom vir die eerste keer ontmoet. "Hy is heelwat groter gebou as ek," dink hy. Weeg dan Stephan intellektueel teen hom op. "Ek's meer skrander as hy en die mentor van al my broers en susters. Inteendeel, van my totale familie," dink hy innemend, trots. Hy antwoord Stephan met genoegdoening. "Jy's reg, Boetman," bevestig sy liggaamshouding sy geloofwaardigheid. Stephan respekteer sy broer se erkentelike gebaar en glimlag tevrede, wetend dat Wilhelm skaarsheid aan komplimente het en dit nie vrylik uitdeel nie. Wilhelm se glimlag verbreed as hy die gesprek met Stephan op 'n verhoogde vlak voortsit, so asof hy sy broer wesenlik beloon met 'n soort van 'volwaardigheid' - 'n verdienste tot Stephan se kits volwassenheid.

"Waar staan dit in die skrifte dat twee mans nie saam op 'n *blind date* kan gaan nie?" nooi Wilhelm Stephan saam. Maar heimlik ook om homself teen die onsekerheid te beskerm wat so ongemerk in sy boesem prikkels skop. Die rou van sy egskeiding lê nog kneusend vars in sy geheue. Stephan lag saggies en besef instinktief dat 'n kosbare oomblik tussen hulle ontbloot lê en dat hy die waarde daarvan in sy pad vorentoe altyd sal onthou. Hy neem ook 'n verdere besluit om sy broer se naaktheid, in die vorm van sy hart, ongesiens te beskerm teen impulsiewe besluite wat hy in oomblikke van kwesbaarheid neem. "Goed," stem Stephan opgewonde in. "Ons gaan vanaand *double date*." "Jaaa," lag Wilhelm verlig en tik betekenisvol op die nota wat hy telefonies afgeneem het. "Ons gaan vanaand hierdie ene Lonika ontmoet. Ek hou al klaar van haar naam," skerts hy kopskuddend.

Stephan wat al op die punt van die stoel geskuif het staan gelukkig tevrede op, vat die leë bekers fluit-fluit kombuis toe en stap goedsmoeds na sy lessenaar. "Nou gaan ek daardie kliënt bel en hierdie *deal* vasmaak," dink hy. "Vanaand gaan ons *date*," lag hy selfvoldaan. Wilhelm kyk vir 'n oomblik by die venster uit terwyl sy eie gemoed kenmerkend ophelder. "Ek het 'n gevoel dat vanaand besonders spesiaal gaan wees," dink hy terwyl sy oë op die handgekerfde seilboot in die vertoonkas rus. "Dalk is sy die antwoord op Stephan se rustelose hart," glimlag hy heimlik en sak verder terug teen die ruglening van sy swart leerstoel terwyl sy hande weerskante van hom hang. Hy sluit sy oë tevrede en laat toe dat sy positiewe denke die atmosfeer van die vertrek vul sodat die geur van herfs sy gedagtes daarmee beloon.

Hy verkies om sy eie hunkering na liefde te versteek en vorm woordelose lipwoorde wat ongemerk oor die sand van die aarde waai, sonder dat iemand die kaal vloer van sy hart beken. Hy skuif die kombers van begeerte oor die kwesbaarheid daarvan en vul sy gemoed met innerlike vrede. Vir 'n wyle sit hy nog stil voordat hy sy oë stadig oopmaak. Hy buig nadenkend na vore en trek die opgestelde advertensie nader om 'n paar veranderinge aan te bring voordat hy Oom Dewald roep om die kolom in die plaaslike koerant, Die Herald, te plaas. *"J.S Motors, Hoofweg 2, Randfontein. Probeer ons gerus vir 'n puik transaksie. Kwaliteit gebruikte motors."* Dan volg 'n lys van al die voertuie wat op die vertoonvloer staan. Die verkoopskonsultante se name en kontakbesonderhede is by sy eie naam ingesluit. Hy oorhandig die advertensie aan oom Dewald en stap na die naaste kafee om drie wegneemetes te bestel. Hy verwelkom die oomblik met sy eie gedagtes.

DRIE

April 1983. Herfs. Die goudgeel blare skarrel loslittig deur die gestroopte boomtakke om hulle op die oppervlakte van die aarde neer te vlei. Stephan parkeer sy motor reg voor die ingang van Trustbank terwyl hy sy hande bakhand oor sy mond plaas om hitte in sy blou vingers te verkry. Hy blaas 'n paar keer vinnig in die holte van sy hand, raap die bondel aansoeke wat Wilhelm vir hom gegee het van die linkerkantste sitplek af op en stap met lang vinnige treë deur toe. Aliske staan voor by die kliëntetoonbank en skuif skryfvoorraad in plek sodat sy haar kliënte sonder versuim kan bedien. Stephan se oë gly vlugtig oor die personeel. Hy merk Aliske op en neem ongesiens genotvolle oomblikke om haar voorkoms doelbewus op te som. Haar blonde hare omhul die kante van haar gesig en vorm lae oor haar skouers. Die kleur van haar vel is sag, amper deurskynend. Haar hande beweeg liggies oor die items op die toonbank. Haar naels is ligpienk en goed versorgd. Sy oë gly ongemerk oor haar liggaam. Hy merk haar swangerskap. Na skatting vyf of ses maande. 'n Swanger vrou is vir hom voorwaarlik treffend. "Dit is jammer dat haar kêrel haar gelos het toe hy verneem het dat sy swanger is," betreur sy gedagtes haar toestand. "Wat 'n swaap!" dink hy opstandig, maar voel onmiddellik skuldig by die gedagte dat hy bes moontlik dieselfde sou gedoen het in sulke omstandighede. "Ek wonder hoe oud sy is," koggel sy gedagtes voort. Sy oë beweeg opsommend oor Aliske se gesig en neem elke moontlike lyn waar as hy starend haar mondhoekies observeer en die sagtheid daarvan sy manlike hart bekoor. "Sy glimlag maklik en haar sprankel persoonlikheid is aansteeklik," lok sy onsedelike gedagtes sy emosies. Aliske kyk onverwags op. Stephan se oë ontmoet die spikkels van haar blou irisse en ontdek die terglus wat Aliske in sy bruin kykers terugflits. "Magtig man, vir wat gluur die vroumens 'n mens so aan!" rebelleer sy houding en hy stap onthuts na haar toonbank toe.

Aliske glimlag opgewek. Haar merkwaardige ligblou oë glinster van innerlike genot as sy Stephan opweeg teen sy bekende selfversekerde gedrag en dié onbedekte selfsydige persoonlikheid, wat voor haar toonbank stelling ingeneem het. Stephan onderdruk sy ongemak en groet bot. "Môre." Hy oorhandig die bondel aansoeke aan haar. "Wilhelm sê jy wag daarvoor." Sy bekyk hom onseker en neem die hopie papiere uit sy hand terwyl sy fronsend geamuseerd in sy gesig staar. "Die man is snaaks vandag," dink sy en glimlag vriendelik terwyl sy deur die aansoeke blaai. Stephan wissel van staanplek en rus met sy liggaam gemaklik op sy linkervoet. Hy buig sy regterarm oor die toonbank sodat dit gerieflik op die oppervlakte rus. Die gebaar het sy selfvertroue 'n hupstoot gegee en hy buig sy kop met gemak effens na vore sodat hy Aliske se privaatheid binnedring. Sy hou hom afwagtend, onseker in sig. "Kom ons gaan eet vanaand," nooi hy in 'n fluisterstem. Aliske staar etlike oomblikke tergend na hom en fluister. "Jy weet ek is swanger?" Stephan kyk haar onnosel aan. "Goed." fluister sy bevestigend. "Dit sal lekker wees, dankié." Die klank van haar fluisterstem skemer eggostaties op die 'kié' van 'dankie' deur sy honger gemoed en bewerkstellig 'n lompswik in sy linkerbeen sodat hy bykans sy balans verloor en dadelik sy liggaam op albei sy bene plaas. "Tel jou sewe uur op," brom hy en swaai sy hand akrobaties van die toonbank af. Hy draai om en stap vinnig by die bank uit. Aliske staar hom oorbluf agterna. "Daai man het die klits vir jou," lag Koeks spottend hard. Aliske sak verleë terug in haar stoel.

Haastig om by die veiligheid van sy motor te kom, stamp Stephan bykans die straatklong uit sy voetsole en tel die verkreukelde stukkie bondel goed op wat in die proses uit die man se hande geval het. Hy druk dit vinnig; dog versigtig, onder die verwaarloosde man se arm in en spoed voort kar toe. Hy slaan die motordeur agter hom toe en blaas asem deur sy gebalde vuiste in 'n desperate poging om sy selfvertroue te herwin. "Liewe magtig, dit was *close*," erken hy verlig teenoor homself en ry versigtig uit die parkering terwyl sy oë onwillekeurig na die venster draai waar Aliske hom gehipnotiseerd van agter haar toonbank aanstaar. "Blikkies, maar die vroumens is mooi en wonderbaarlik swanger...., en so *damn* oulik kwesbaar!" skreeu sy manlike ego. Hy ry stadig terug werk toe sodat sy ervaring van flussies veilig en knus iewers in sy ingewande kan gaan nesskop. "As Ouboet hiervan hoor, skop hy my gat potblou," kla sy jonkmanshart sy gewete aan.

Stiptelik sewe-uur swaai sy motorligte by die hek van Aliske se ouerhuis in. Hy het besluit op pienk rose. Dit voel meer gepas vir die omstandighede. Hy klop liggies aan die voordeur. Hy kyk na sy blink skoene en herinner hom nog 'n keer aan sy voorneme van flussies. "Dink voor aksie, dink voor praat, wees berekenend op alles wat jy van plan is om te doen en nie te doen nie, soos wat Ouboet jou geleer het," herroep hy Wilhelm se waarskuwings iewers vanuit sy hoërskooldae. "En hou jou oë van haar mondkuiltjies af!!" skreeu sy manlike desperaatheid.

Aliske maak die deur oop voordat hy sy tweede sarsie aanklop herhaal, maak die deur weer vinnig agter haar toe en smoor sy groet met 'n opgewekte, "waar gaan ons eet?" terwyl sy by sy linkerarm inhaak en hom van die stoep aflei motor toe. "Die swart pakkie pas haar lyf mooi," dink hy terwyl hy die deur vir haar oopmaak en die bos pienk rose weer op die agterste sitplek terug plaas. "Kom ons probeer Italiaans vanaand," glimlag hy tevrede. Hy stap selfvoldaan om die motor en skuif agter die stuurwiel in. Die motor beweeg saggies oor die teerblad. Hulle lag en gesels oppervlakkig en skerts oor die transaksies wat deur die bank goedgekeur word.

Stephan was wys om die bespreking, wat hulle tafel in die verste hoek verseker het, vroeër die dag te maak. Ligte rooiblou kersvlammetjies bespiegel oor die nuwe aankomelinge en sprei verwelkomende geboë skadu-bewegings oor die tafel. Stephan trek die stoel vir Aliske uit en stoot dit weer saggies onder haar in sodat sy gemaklik naby hom kan sit. Die naburige gaste kyk met weldoening na Stephan en glimlag goedkeurend. Stephan se borsmaat vergroot met aanskoue van die aandag wat hulle geniet en groet die gaste blymoedig terug. Hy skuif sy groot liggaam gerieflik in die stoel oorkant Aliske in en versit die eetgerei sodat sy elmboë gemaklik op die tafel kan rus. Aliske hou sy bewegings opsommend dop en glimlag innemend. Die kelner neem hulle bestellings. Sy kies appelsap en Stephan besluit op Lemonade. Die spyskaart word voor hulle geplaas. Hulle lag vir die verskeie uitsprake van die disse en besluit om by die bekende visgeregte te hou. Die aand is vrolik en gesellig.

Dit is naby elfuur toe Stephan se motorligte, vir 'n tweede keer, oor die voordeur glans toe hy by die groothek van Aliske se ouerhuis indraai. Varingstraat 10, Homelake, uitbreiding 2, Randfontein, staan op die posbussie geskryf. Hy wip opgewek uit die motor en vergesel Aliske na die voordeur. Sy maak die deur oop, piksoen hom op die wang en skuif dit weer saggies terug op knip. Hy glimlag tevrede vir haar optrede en loop rustig terug motor toe.

Aliske ervaar gemengde gevoelens, maar behou haar besluitneming. Sy verruil haar aandpakkie met los nagklere en skuif tussen die lakens in. Sy staar na die maan se blinkstreep wat deur die syagtigheid van die sag beweeglike gordyn skim. Sy vryf beskermend oor die nuutgevormde wesentjie wat in haar buik ontluik. Haar gedagtes voer haar terug na haar universiteitsdae wat sy moes opgee weens haar swangerskap. "Hoe verskriklik onkundig was ek nie," slaan haar stem nadenkend teen die oppervlakte van die plafon vas. Sy sug saggies. Sy buig haar arms altwee aan die onderkant van haar verhewe buik en sluit haar vingers versigtig krampagtig saam sodat die onsekerheid die holte van haar vrees verlaat. "Dis net ons twee, kleintjie. Ek gaan die beste wees wat ek kan…, vir jou." Die nag het haar wond met sy skadunet kom steel en dit saggies met die traan van die maan benat sodat Aliske veilig die poort van rus binne gly.

Vroegoggend skakel Stephan Aliske besorgd. "Het jy 'n goeie nagrus gehad?" "Ja dankie, die aand was werklik besonders," bedank sy hom met 'n gevoel van toegeneentheid. Aliske byt die punt van haar potlood liggies tussen haar tande vas. Sy orden haar gedagtes voordat sy haar woorde noukeurig aan Stephan oordra. ""Stephan ek is nie seker waarheen hierdie vriendskap lei nie...." Stephan val haar saggies in die rede uit vrees dat sy die wonder wat tussen hulle ontluik het, onnodig tot niet verklaar. "Ek weet ook nie," bevestig hy onseker. "Maar vir my is dit vir eers genoeg. Soos nou...., jy is genoeg. Totdat ons weet waarheen dit lei," troos hy sy hart en Aliske sak tevrede terug in haar stoel. "Vir my is die dag genoeg," sê sy sag. Hulle groet stil en plaas die gehoorstukke terug op die mikkies. Die atmosfeer vul albei se gemoed met heilsaamheid en laat die vrug daarvan op sy eie tyd ontkiem.

VIER

Lonika sluit die woonsteldeur oop en maak dit weer onmiddellik agter haar toe sodra sy die woonstel binne gaan. Sy sit haar handsak op die bed neer en stap badkamer toe om die bad met stoomwarm water op te vul. Sy sny 'n paar skyfies suurlemoen daarin en strooi roospotpourie in die water. Dan voeg sy laventelolie daarby. "Vanaand se bederf," praat sy saggies en haal 'n gemaklike langbroek en 'n ligte vleeskleurige, geborduurde oorhang trui uit die kas. Sy kies gepaste onderklere en voeg gegeurde lyfroom daarby. Sy draai die ligte klassieke agtergrondmusiek effens harder sodat sy dit duidelik in die badkamer kan hoor en maak haar gereed vir 'n uur van ontspanning. Sy skuif dieper die water in en rus haar kop op die handdoek wat aan die bokant van die bad opgerol lê. Sy draai haar voet nader aan die warmwaterkraan en wikkel dit effens los sodat daar 'n dun straaltjie water in die bad inloop. Dit vorm skuim al om die kante van haar enkels. Sy glip weer die kraan toe en gly haar voet onder die water in. Sy strek haar liggaam langer uit, sak haar kop dieper in die handdoek in en sluit haar oë terwyl die sagte klanke van *Largo from Serse* van Händel, die woonstel opvul. Die harmoniese fluite en vloeiende viole bekoor haar gemoed.

'n Gevoel van dankbaarheid vul haar innerwese as sy opnuut besef hoe haar bestaan 'n vorm van rustigheid aangeneem het en die manier waarop dit haar lewensverwagtings komplimenteer. Lonika gly die handdoek ferm oor haar warmrooi liggaam terwyl sy die nattigheid daarvan met lang stroke afvee en haar lyf tintelend met sagte lyfroom beloon. Sy trek haar uitgesoekte klere aan en helder haar grimering op met die regte oogskadu sodat die groen kleur van haar oë prominent ophelder. Sy plaas 'n ligte pienkblos op haar wange. Sy sluit haar uitrusting af met 'n paar gemaklike swart middelhakskoene. Sy stap deur haar woonplek en maak vir oulaas seker dat alles perfek op plek is, trek hier-en-daar aan 'n bankkussing se punt sodat dit skuins kantel en afgerond, parmantig punt-in-die-lug staan. "Gee die ding karakter," dink sy aan haar ma se woorde en is terselfdertyd dankbaar vir die verfynde wyse waarop sy en haar susters opgevoed is.

Lonika sit regop as die deurklokkie lui. "Die ding laat my altyd skrik," dink sy, vryf senuweeagtig 'n streep deur haar hare en kyk vinnig in die gangspieël na haar voorkoms. "Alles in plek," knik sy bevestigend. Sy loop gemaklik en grasieus deur toe sodat haar besoeker nie moet dink dat sy dalk oorgretig is om hom te ontmoet nie. Sy huiwer 'n oomblik voordat sy die deurknop draai, haal diep asem en swaai die deur beleefd oop terwyl sy haar asem met die oopmaakslag stadig uitblaas. Twee pare bruin oë kyk afwagtend, opsommend in haar groen kykers vas terwyl die koue herfslug kreunend by die deur inglip en beklemmend aan Lonika se broekspype gryp. "O magtig," kerm die wind benoud en 'n mond vol droë speeksel stoot ongevraagd in haar keel op sodat haar tong bewegingloos op die bodem van haar spuitkliere gaan lê. "Ek verstaan nie," kreun sy haar misnoeë uit en beweeg die palm van haar hand vraend tussen Wilhelm en Stephan. Stephan merk haar verontwaardiging en pluk liggies aan Wilhelm se onderste baadjiepunt. "Ek is Wilhelm," stel Wilhelm hom saaklik voor "en dit is my broer, Stephan," wys hy met sy hand hoflik na Stephan. Stephan knik kennelik, glimlag vriendelik en bespeur haar voorkoms swyend wat hy met dié van Aliske sin vergelyk. "Kallers van een koei," dink hy as hy die deur effens wyer oopstoot sodat die spasie groot genoeg is vir sy fors liggaam om deur te glip. "Boetman, dit lyk of ons by die regte bestemming is, jy kan my oor 'n uur kom haal," keer Wilhelm hom goedhartig en skuif sy hand ferm voor Stephan in sodat Lonika eenkant toe moet staan vir Stephan om in die opening van die deur om te draai. "Op grond van sake, dit is mý *date,*" dink Wilhelm en verkies om sy voorgenome idee om Lonika en Stephan op te paar, te vergeet. Stephan lyk bek-af en neem die motorsleutels by Wilhelm. "Dit was nie die ooreenkoms nie," dink hy vies en stap met die lang

27

stoep af kar toe. Hy skop 'n leë, los blikkie verergd met die punt van sy skoen die straat in as hy die deur van die motor oopmaak en voel dadelik weer beter as hy besef dat hy vanaand vir die eerste keer 'n rybeurt met Wilhelm se spogmotor het. "*Silver Devil*," spreek hy die naam bewonderend uit soos wat Wilhelm doen as hy met trots en selfvoldaanheid regop skouers agter die stuurwiel inklim.

"Ek is Lonika," kry Lonika kans om haarself voor te stel nadat Stephan uit sig verdwyn het. Wilhelm kyk haar belangstellend aan. "Aangename kennis, Lonika," en die kuiltjie in sy hardgebaarde ken kloof spelerig dieper in terwyl sy oë tergend in hare lag. Lonika glimlag vriendelik en maak die deur wyer oop sodat hy verby haar die binnevertrek instap. Die herfswind gooi 'n uitbundige kinkel om die hoek van die woonstel en swaai verspot 'n towerstaf van gekleurde blare, wat in geflenterde stukkies by die opening van die deur inwaai. Lonika maak die deur vinnig toe en ril as die koue lug haar wange met afwagting verkleur. Sy kyk Wilhelm agterna terwyl hy sy rug krom buig om die netjies gepunte kussings op die bank weg te skuif sodat hy gemaklik daarin kan sit.

Wilhelm kyk belangstellend in die vertrek rond. "Ek hou van jou smaak," glimlag hy innemend. "Dankie," beaam sy vriendelik. "Kan ek vir jou iets warms skink? Milo, koffie, tee, warm sjokolade?" Sy trek haar skouers liggies in 'n vraag. Hy kyk oorwegend in stilte na haar. "Warm sjokolade," antwoord hy en staan skielik op. "Ek kom saam." Lonika swaai haar hand afkeurend vriendelik. "Dis darem nie nodig nie" maar sien dat hy alreeds regop staan, gereed om haar te vergesel. Sy skakel die ketel aan en haal die melk uit die yskas. Sy teenwoordigheid staan die hele kombuis vol en haar hande bewe liggies as sy die langwerpige glasbekers van die rak probeer afhaal. Sy strek effens op haar tone sodat sy 'n onwrikbare greep op die bekers kan verkry. Hy skuif gerieflik agter haar in en haal dit van die rak af. Die sagte reuk van haar hare versadig sy hunker na 'iets vrouliks' en hy bly 'n bietjie langer staan sodat die aangename oomblik daarvan iewers soepel sag in sy herinneringe 'n tuiste skep. Sy versteen as sy besef hoe naby hy aan haar staan en verkrummel in die sterkte wat sy manlike persoonlikheid uitstraal. Hy draai saggies om en gaan staan in die deur. Sy neem die bekers wat hy op die kombuistoonbank neergesit het en gooi twee lepeltjies sjokolade poeier daarin. Sy kyk om en sien dat hy gemaklik teen die deurkosyn leun. Sy glimlag.

"Is jy die musikant?" vra hy hoflik en knik in die rigting van die klavier wat in die woonvertrek staan. "Ek probeer," antwoord sy beskeie. "Ek verstaan Aliske is julle konsultant?" Verander sy die onderwerp. "Ja," lag hy bevestigend. "Sy's 'n knap *girl*". Lonika gooi die gekookte water en melk in die bekers en strooi 'n titsel fyngekerfde sjokolade bo-oor. Hy hou haar beweging opsommend dop, neem die glasbekers by haar en stap vooruit woonkamer toe. Sy dra die bordjie met kleinkoekies wat sy kunstig gerangskik het en plaas dit op die middeltafel neer. Hy wag dat sy gemaklik op die stoel sit voordat hy haar beker warmsjokolade aan haar oorhandig.

"Ek verstaan jy is die eienaar van J.S Motors," ontlok sy 'n geselskap. "Ek probeer," glimlag hy tergend. "En jy, waarmee hou jy jou besig deur die dag?" "Ek werk vir BMW Motorhandelaars in Krugersdorp". Sy wenkbroue lig goedkeurend. "Nie sommer enige tipe meisiekind nie," lag hy saggies. Lonika voel hoedat 'n warm gloed van aangenaamheid haar bemeester. Hulle gesels gesellig die res van die aand en ruil musiek voorkeure uit terwyl bekende name soos Don Williams, Elvis Presley, Neil Diamond, Dolly Parton en Kenny Rogers se albums tussen hulle wissel op soek na gunsteling liedjies wat hulle op die draaitafel sit en gesellig na luister. Liedjies soos *"Just because I'm a woman," "Jolene," "Country Boy," "I believe,"* word oor en oor gespeel en met tye spontaan saam gesing.

Wilhelm ontdek 'n rak met leesstof en blaai nuuskierig tussen getikte blaaie deur, lees soms die opsomming op die agterblad en is aangenaam verras as hy merk dat sy nie romanse, fiksie of enige vorm van kortverhale tussen haar versameling boeke aanhou nie. Hulle gesels kortliks oor Afrikaanse literatuur, geskiedenis en die lewe in die natuur. Wilhelm draai die volume sagter as hy 'n dringende klop aan die deur hoor. Hy kyk verras op sy horlosie. Dis sowaar twee ure sedert hy Stephan weggestuur het.

Hy stap vinnig voordeur toe en maak vir Stephan die deur oop. Stephan staar hom geaffronteerd aan. "Kom in, kom in," nooi Wilhelm Stephan hartlik en swaai sy hand uitnodigend na binne. "Weet jy hoe lank wag ek al vir jou in die kar?" brom Stephan erg boos, vlak by Wilhelm se gesig as hy verby hom skuur in die deur. "Lonika, kom ons maak vir my kleinboet warm sjokolade," ignoreer hy Stephan se bui, stoot die deur opknip en stap opgewek kombuis toe. Lonika lag vrolik terug, verwelkom Stephan in die verbygaan en volg Wilhelm die kombuis binne. Stephan se wenkbroue knoop in 'n gleuf voordat dit oudergewoonte die hoogte inskiet, hy rol sy oë magteloos teen die hoeke van die mure vas en kweek oombliklik 'n belangstelling in die deurmekaar woonvertrek as sy ergernis plek maak vir 'n gevoel van verontwaardigheid.

"Wat de hel gaan hier aan?" brom hy saggies en stap na die naaste rusbank, tel 'n hardebandboek op en lees belangstellend die opskrif: "*New Babylon / New Nineveh by Charles van Onselen.* Gmmmf," snork hy deur sy neus en draai die voorkant van die boek om. "*Everyday Life on the Witwatersrand 1886-1914 - this essential pair of historical studies are now republished in one volume. They examine the era of Johannesburg's establishment and early growth through social, political and economic lenses to provide a picture of how this great city developed, and what that story has to tell us about South Africa today.*" "Wat het boeklees en langspeelplate nou met 'n eerste *date* uit te waai?" grom hy verontwaardig en neem ingedagte die beker warmsjokolade by Wilhelm. Wilhelm vat die boek fermsag uit Stephan se hand en sit dit kosbaar terug op die boekrak. "Jinne tog," klik Stephan se tong binnensmonds. "Drink jou sjokolade dat ons kan spore maak, Boetman. Die aand stap aan," beveel Wilhelm streng en tel die langspeelplate een na die ander op sodat hy dit netjies kan wegpak. Stephan brand sy mond met die eerste sluk en blaas vinnig 'n paar keer sodat die daaropvolgende vloeistof sy slukderm met genot vul. Dit fassineer hom as hy merk hoedat Wilhelm die vertoonkussings op die banke met 'oortjies regop' staande maak. "Die klong het dit al klaar hoog deur," dink hy spottend en stap onverpoosd na Lonika en soen haar op die voorkop met sy hande in 'n stewige greep om haar skouers. "Baie dankie dat ek jou vanaand kon ontmoet het, dit was 'n voortreflike *date,* " sê hy met melankoliese vermaaklikheid teenoor Wilhelm, maar met 'n gevoel van opregte dank teenoor Lonika. "Sy kan dalk my skoonsus word, of ek dalk haar dubbele swaer," dink hy ironies. Hy glimlag selfvoldaan in haar oë en stap deur toe, maak die deur oop en kyk Wilhelm afwagtend aan. Wilhelm steek sy hand beleef uit na Lonika en groet vriendelik. "Goeienag. Dankie vir 'n besondere aand." Hy talm 'n wyle terwyl hy die keuse oorweeg om Stephan se voorbeeld te volg en dalk 'n soen op haar voorkop te plak óf die oomblik te geniet waarin haar hand sag vroulik in syne rus. Hy besluit op laasgenoemde en gee haar hand 'n sagte drukkie. "Ek skakel jou môre, lekker slaap." Hy stap deur toe en trek die deur saggies op knip.

"Wat de donner was dit," blaas hy erg omgekrap teenoor Stephan in die veiligheid van die motor. Stephan kyk sy broer gemaak verbaas aan. "Wat bedoel jy, Ouboet?" en trek sy gesig seunsagtig op 'n frons. "Ek bedoel jy met Lonika!" Stoom hy verontwaardig voort en skakel die motorenjin aan. "Weet nie waarvan jy praat nie," paai Stephan en trek sy skouers liggies op in 'n plooi. "Ek het haar vanaand vir die eerste keer saam met jou ontmoet." Stephan kyk nikssiende by die venster uit. Wilhelm stoot die spoedmeter hoër op en Stephan besef jammerlik dat hy sy broer die harnas in gejaag het. "Ouboet, daardie is 'n ordentlike *girl,* " probeer hy Wilhelm kalmeer. "Dit lyk of julle mekaar verstaan." Wilhelm verminder spoed. "Ja, ek dink ook so," knik Wilhelm instemmend. "Lus vir *milkshake?*" Wilhelm draai by die aankomende padhuis se ingang in. Die aand het verskeie emosies en geleenthede ontluik waarvan Wilhelm die kaalheid van sy verlange ontdek het. Vreemd vir sy vinnige bestaan, koester hy tog die vervulling van samesyn, die gevoel van behoort, ongeag die feit dat hy die begeerte daarvan

31

onderdruk.

Hulle drink die soet vloeistof in stilte en ry rustig terug Randfontein toe. Elkeen vasgevang in sy eie welkome gedagtes. Wilhelm laai Stephan by sy woonstel af. Hy ry verder weg na die kleinhoewe buitekant Randfontein waar sy tuiste is. Hy draai by die hek in en sluit die agterdeur oop. Die stil nag bekruip sy gemoed en lei hom verder die huis binne waar die mure van eensaamheid verbrokkel en sy honger na liefde 'n laken van beskutting oor hom gooi.

VYF

Lonika lê rustig, sluimerend en luister na die toenemende bewegings in die omgewing. Motors wat luier en stil-stil werk toe vertrek, klein kindertjies wat iewers in die woonstelblok ontwaak en luidkeels die aandag van hulle ouers eis en verdwaalde bosduiwe wat tussen takke fladder na beskutting teen die aankomende winterkoue. "April," fluister sy saggies terwyl sy haar oë lui, onwillig teen die oggendson knip wat strepies spikkels deur haar venster gooi.

Sy draai op haar sy om die sonstraal in haar kamer te verwelkom en terselfdertyd die vorige aand se gebeurtenis te vertroetel. "Dit was nogal besonders," gesels sy verder en besluit opnuut dat sy van Wilhelm se geselskap hou. Sy trek die kombers 'n bietjie hoër op teen haar nek en druk dit stewig teen die kuiltjie van haar keel vas terwyl sy haar hande balvuisies onder haar kussing inskuif. "So jaaaa," blaas sy haar asem saggies teen die oppervlakte van die oorblywende beddegoed uit en glimlag selfvoldaan as sy die gedagte om 'n bietjie langer in die bed te bly, verwelkom. "Lui Saterdag," bevestig haar trae gedagte haar gemoedstemming en vul haar wese met innemende tevredenheid. Wilhelm se voorkoms kruip speels nader en sy herleef weer die oomblik van ontmoeting, die verskillende fasette van gesprekke, die spontane lag en vloei van geselskap. Die vooruitsig dat hulle mekaar weer sal ontmoet is nie uitgesluit nie en dit laat 'n warm gevoel in haar broei. Stephan is baie meer op sy gemak as Wilhelm, en nogal snaaks, dink sy. Dit lyk of die twee broers mekaar goed verstaan.

Die telefoon lui langs haar bedkassie. Sy trek die gehoorstuk versteurd nader. "Hallo," antwoord sy saggies. "Is jy nog in die bed?" skerts die diep stem aan die anderkant van die gehoorstuk. Lonika sit meteens regop. "Ja, dis Saterdag," sê sy huiwerig. Wilhelm lag uit sy maag as hy duidelik die verleentheid in haar stem hoor. "Nou ja, moet asseblief nie lank broei nie, want ek wil jou vra om vanaand saam met my te gaan fliek," nooi hy spottend. "Dis weer 'n dubbele *date,* maar dié keer nie *blind* nie. Stephan bring 'n vriendin saam," skerts hy. Lonika gooi die komberse van haar af terwyl sy die gehoorstuk nog stywer teen haar oor vasdruk. "Hallo,… hallo, is jy nog daar?" vra Wilhelm onseker. "Ja, ek's hier. Dit sal lekker wees. Hoe laat?" klink Lonika meer selfversekerd. "Sewe-uur," antwoord Wilhelm. "Goed. Sewe-uur sal doen. Ek sal reg wees," antwoord sy. "Dankie vir gisteraand," sê hy en sluit af met: "Ek is regtig bly ons het ontmoet." Lonika knik haar kop bevestigend en groet sag, opgewonde oor die vooruitsig om hom weer vanaand te kan sien.

Sy sit die gehoorstuk terug en gryp die komberse in 'n bondel om dit haastig almal op die russtoel te stapel terwyl sy die lakens vinnig regtrek. *"Shit, shit, shit,"* sê sy saggies en struikel amper oor haar pantoffels in skarrelende pogings om orde in haar opgewonde gedagtes te skep. Sy trek haar hande paniekerig deur haar hare terwyl sy haar klerekas se deure oopswaai. "Wat trek ek aan!" roep sy ontsteld uit en drafstap kombuis toe om die ketel vir koffie aan te skakel onderwyl sy weer terug kas toe haas om vir 'n oomblik nikssiende voor die oophangende kas in te staar. Sy trek stadig, besluiteloos haar vingers deur haar deurmekaar kapsel en bestudeer haar hangende uitrustings een na die ander terwyl sy elke moontlike uitrusting oorweeg. Sy swaai die hangkasdeure stadig toe en stap terug kombuis toe, skink warm, sterk koffie en loop ingedagte na die woonkamer waar die son haar rusbank toe lok. Die groot bruin kussings vertroetel haar gemoed as sy tussen dit inskuif, haar voete onder haar liggaam inbuig en in die warmte van die son opbondel. Sy drink haar koffie stadig, tevrede. Sy ruim oomblikke later die woonstel op en luister na klassieke stukke wat saggies in die agtergrond speel. Haar inskiklike gedagtes jubel. Sy voeg nog 'n koppie water by die varkoor wat huidig in die hoekie staan en sy wit blom pronkagtig onder die son se straaltjies instoot om medelydend saam te smelt met die beskutting van haar hart. Sy draai selftevrede om, stap terug na haar hangkas en skuif die koningsblou langbroekpak na die voorkant van die reling as bevestiging dat sy haar finale keuse vir die aand gemaak het. Sy swaai die deure saggies toe, stap kombuis toe en skink 'n glasie kruietee wat sy met spiksels kaneel afrond.

Haar maag skop bolle toe die voordeurklokkie onverwags lui. Sy trek haastig 'n kam deur haar hare en swaai haar blou geborduurde baadjie oor haar skouers. Sy druk haar handsak gemaklik onder haar arm in en stap voordeur toe. "Hallo," groet sy opgewek as sy die deur oopmaak. "Reg vir vanaand?" vra Wilhelm terwyl sy oë ongemerk oor Lonika se voorkoms gly. "Die *girl* het styl," dink hy en neem die woonstelsleutels uit haar hand, sluit die deur en lei haar aan haar elmboog die trappies af. Hy gly sy hand gemaklik in hare terwyl hulle die gang afstap kar toe. 'n Ongevraagde vlinder pluk aan Lonika se maagwand en die gevoel daarvan vul haar wange met genot. Sy merk Stephan en die vreemde meisie in die motor. Wilhelm maak die agterdeur oop en Lonika skuif fyntjies in haar sitplek. Sy groet Stephan sodra Wilhelm weer die motordeur toegemaak het en stel haarself aan Veron voor. 'Aangenaam om te ontmoet," knik die meisies wedersyds en glimlag spontaan vir mekaar.

Hulle ry geselsend totdat Wilhelm die motor veilig in Florida Sentrum se parkeerterrein indraai. "Ster Kinekor, *Grease, 1st show 8 o'clock*," lees Lonika opgewonde met die vooruitsig om die hoofakteurs in hulle verskeie rolle in aksie te sien. Sy lees stilletjies die voorwoord. *"Experience the friendships, romances and adventures of a group of high school kids in the 1950s. Welcome to the singing and dancing world of "Grease", the most successful movie musical of all time. A wholesome exchange student (Olivia Newton-John) and a leather-clad Danny (John Travolta) have a summer romance, but will it cross clique lines?"* Sy is dankbaar dat die fliek 'n musiekblyspel is wat bydra tot haar opgewektheid.

Wilhelm help haar uit die motor en plaas besitlik sy hand om haar middel as hulle die gebou binnegaan. Veron kneus die groepie se lagspiere met die kommentaar wat sy gesellig op die vensteruitstallings-en winter-modegiere lewer. Haar persoonlikheid is aansteeklik en almal ontspan opmerklik as hulle geselsend die kaartjietoonbank nader. Wilhelm koop die kaartjies terwyl Lonika langs hom staan. Stephan en Veron besluit op peuselhappies en stap na die lekkergoedrak. Wilhelm en Lonika sluit by hulle aan en Wilhelm bederf Lonika met haselneute en vrugtesap. Hulle stap die teater binne met hulle lekkernye en vind die aangewysde sitplekke sonder versuim. Hulle neem hulle sitplekke in. Die meisies sit langs mekaar. Veron trek haar jas uit en Lonika volg haar voorbeeld. Wilhelm help Lonika en laat haar jas gemaklik oor haar skoot lê. Almal lag vir die voorvertonings. Wilhelm skuif sy hand liggies oor Lonika sin en vou sy vingers tussen hare in. Sy glimlag stil.

Die vertoning is gevul met verskeie energieke musiekstukke en onthul die verhaal met wonderbaarlike liedjies en bypassende danse. Innige medelye vergesel Sandy terwyl 'n algehele gevoel van afkeuring in Danny se rigting gestuur word omdat hy Sandy verkleineer voor sy vriende om hulle guns te kan behou. Sandy se kuise gedrag word hand-om-keer deur haar vriendinne verander en sy betower Danny se hart aan die einde van die verhaal. Die gehoor word met tevredenheid beloon as die paartjie afsluit met 'n versoeningslied en die dansende groep hul bydrae lewer tot die finale toneel van hulle nuutgevonde liefdesontdekking.

Lonika verlaat die vertoning met gemengde gevoelens. Wilhelm neem haar hand stewig in syne as hulle deur die teaterdeure die lokaal binne gaan. Wilhelm lag sag in haar oë. Sy glimlag tevrede terug en skuif die drogbeelde wat die verhaal by haar geskep het, op die agtergrond. "Dis môre se spoke," dink sy bemoedigend teenoor haarself. Veron maak verskoning om kleedkamer toe te gaan en Lonika vergesel haar op 'n ligter toon. "*Damn*, maar daardie Danny is 'n bol van 'n man," lag Veron toe hulle wegstap. "My empatie het by Sandy gelê," skerts Lonika saam. "Hoekom? Jy het 'n groot vis aan die hoek wat erg verlief is" terg Veron. Lonika lag. "Ek's bevrees dit maak twee van ons," erken sy skaam. Die meisies giggel betekenisvol vir mekaar en verdwyn die kleedkamers in. Hulle was hulle hande, trek 'n kam deur hulle hare en kleur hulle lippe in. Lonika sprinkel sagte parfuum op haar polse. Veron kyk haar spottend aan "Stephan is verlief op iemand anders," sê sy vertroulik, "anders het ek ook by hom vlerk gesleep," terg sy. Die verslaentheid in Veron se stem het nie ongemerk by Lonika verby gegaan nie. Sy plaas 'n trooshand op Veron se arm en glimlag bemoedigend. 'n Oomblik van vertroue kom lê tussen die meisies en vul hulle harte met wedersydse verstaanbaarheid. Hulle haak spontaan by mekaar in en stap sonder woorde terug na die binnegedeelte van die sentrum. Hulle merk die broers aan die bokant van die roltrappies. Die mans gewaar die meisies en neem die roltrappe na onder. Hulle lag en gesels terwyl die dames hulle inwag.

Wilhelm kyk na Lonika, lag opgewek en gooi onverwags sy hande uitbundig die lug in. "Lonika du Plessis!" roep hy hard en sy stem weergalm deur die sentrum sodat daar 'n oomblik van stilte heers terwyl die verbygangers hom geamuseerd aankyk. "Ek.... is.....verlief op jou...!!" sing hy triomfantlik 'n frase van Gé Korsten se lied en stoot sy hande melodramaties na vore. Die verbygangers lag saggies. Die roltrappe voer Wilhelm tot voor Lonika se liggaam waar hy haar in die opening van sy baadjie inskuif en sy arms besitlik om haar vou. Sy lag spontaan en verskuil vir 'n wyle haar ontvanklike persoonlikheid in die verheerliking van sy beskutting. Hy druk haar styf teen hom vas. Sy kyk op en hulle oë ontmoet in weldoening. Die verbygangers geniet die oomblik en stap verder. Wilhelm neem haar hand stewig in syne en stap, gevul met beloftes, deur die sentrum motor toe. Stephan kyk vermakerig na Veron en buig sy linkerarm in 'n boog sodat sy by hom kan inhaak. "Moenie idees kry nie," raas hy lighartig. "Jy's te veel van 'n jellievis," terg sy terug en lag vir sy wenkbrou wat 'n komiese vraagteken oor sy voorkop trek. Hulle bespreek die rolprent en lag vir sekere indrukwekkende toneelstukke.

Wilhelm ry die parkeerterrein van Lonika se woonstelblok

binne sodat hy haar tot by haar woonstel kan besorg. Hy stap saam en sluit die deur vir haar oop. Hy soen haar saggies op haar mond. "Ek kom haal jou môre oggend om agt-uur vir 'n plesierrit op my boot," fluister hy. "Gaan klim nou in die bed sodat jy goed uitgerus is," vermaan hy haar kamtig streng. Hy stoot haar speels die woonstel in en wag dat sy die deur sluit voordat hy omdraai motor toe. "Ugh," sug Stephan toe hy Wilhelm se glansende gesig in die motorligte merk. "Ouboet het sy gat ordentlik gesien," dink hy boetvaardig. Hulle besorg Veron veilig tuis en ry sonder veel woorde tot by Stephan se blyplek. Wilhelm kyk opsommend na Stephan. "Jy was nie veel danig met Veron nie," probeer hy pols. "Jy't die *date* gereël," snip Stephan. "Volgende keer vat ek my eie *girl.*" Hy klim uit die kar uit. "Het jy dan een?" vra Wilhelm nuuskierig en leun oor na die passasiersitplek sodat hy Stephan se gesig kan sien. "Ouboet, 'n man is nie 'n klip nie." Hy maak die deur toe en stap met die laning na sy woonstel. Wilhelm kyk hom agterna en sug saggies terwyl hy sy kop nadenkend skud. "Dié seun het beslis 'n hubare jong man geword," dink hy en trek stadig weg huis toe.

SES

Wilhelm laat sak die boot in die water. Lonika staan op die damwal en kyk hoe die water teen die kante van die vaartuig klots. Wilhelm gee bevele aan die helpers en trek die voertuig van die platform af. Die weerkaatsing van die water gly oor die rooi strepe wat op die wit oppervlakte van die boot aangebring is. Sy glimlag innemend as sy besef dat die sitplekke van die vaartuig dieselfde dieprooi kleur as sy spoggerige motor sin is. "Bloudam," sê sy saggies. "Dié dam in Randfontein. So baie van gehoor maar nog nooit gesien nie," dink sy. "Vir herfs is die gras om die dam nog mooi groen," onderbreek Wilhelm haar gedagtes. In 'n ernstiger luim: "Stephan het onderneem om te sorg vir eetgoed vanmiddag." Sy sien dat Wilhelm die vaartuig se toue om 'n paal vasmaak, afklim en na haar toe stap. "Is jy reg vir bootplesier?" vra hy glimlaggend en kyk na die strepies wat die son oor haar gelaat streel terwyl die glanswater met afwisselende skynsels haar ligte vel verryk. "Kan nie wag nie," glimlag sy terug en hou haar hand bediensstig uit sodat hy haar in die boot kan help. Sy gaan sit aan die passasierskant.

"Ek gaan 'n entjie die dam invaar, dan gaan ek vir jou die stuur gee," sê Wilhelm. "Dink jy dit gaan veilig wees?" terg Lonika. "Sal net weet as ons probeer," lag hy en skakel die enjin aan. Lonika verlustig haar aan die dreuning daarvan en die water wat witskuim om die dryfas maak. Sy draai skuins in haar stoel sodat sy die motor, skag en skroef wat oor die hek van die vaartuig hang, kan sien. Wilhelm maak die masjien wyer oop. Lonika besef dadelik die krag waarmee die vaartuig vorentoe beweeg en kyk indrukwekkend in Wilhelm se rigting. Hy lag selfvoldaan as sy vir hom grootoog trek en haar mond vermakerig tuit. "Mapstieks," dink sy. "Die ding is kragtig." Hy knipoog op haar onuitgesproke gedagtes en Lonika verlustig haar in die gemaklikheid waarmee hy met haar kommunikeer. Hy bring die boot stadig tot stilstand sodat die enjin

39

saggies luier. Die stilte van die dam en die laaghangende bome om die wal skep 'n boekprent in Lonika se geheue wat sy heimlik in die diepkamers van haar hart toesluit om later van tyd weer te herroep. "Pragtig nê?" lees Wilhelm haar gemoed. "Hmmm, onvergeetlik," stem sy saam.

"Toe jonge dame, jou beurt." Wilhelm skuif gemaklik verby haar sodat sy voor die stuurwiel kan plaasneem. "Is jy seker?" toets Lonika die 'water' terwyl sy spottend na Wilhelm kyk. "Doodseker," bevestig hy en wys haar waar die kragskakelaar is. *'Explorer 510 CC Multi purpose Boat'* lees Lonika op die paneel en is inderdaad van voorneme om nie die skakelaar tot sy volheid oop te skuif nie. Sy kry die boot stadig in beweging en besluit dat die spoed daarvan vir haar gemaklik is. Wilhelm laat haar toe om rustig oor die waters te gly totdat hy Stephan wagtend op die wal sien staan. "Tyd om te eet," sê hy en wys in die rigting van Stephan. Lonika knik en stuur die boot dek toe waar Stephan gereed staan om Lonika van die boot af te help.

Wilhelm anker die boot en skuif tussen Stephan en Lonika in wat alreeds stadig aangestap het. Hy sluit sy hand besitlik om hare. Die drie-tal stap geselsend na hulle piekniekplek. Lonika is beïndruk met die kleurvolheid waarmee Stephan hulle kamp ingerig het en gaan sit op die dik blokkieskombers. Sy geniet die bypassende groot kussings wat Stephan loslittig rondgestrooi het. Sy merk dat hy helderkleurige eetgerei op die lae kamptafeltjie voorgesit het. Die bykomende slaai en toebroodjies komplimenteer hulle honger. "Die idee is dat julle aan tafel sit en eet," nooi Stephan. "Soos ma ons geleer het," sê hy doelbewus aan Wilhelm. Hy maak homself gemaklik op die kampkombers en skuif sy lenige bene kruisend onder die tafeltjie in. Wilhelm skink vir Lonika appelsap en neem vir homself 'n koue bier uit die koelkas. Hy volg sy broer se voorbeeld en skuif langs Lonika voor sy bord in. Hy glimlag tevrede. Die herfsdag het 'n sonlafenis in hulle piekniekervaring ingebring en Lonika laat toe dat die son haar vel bevrug met die voeding van die natuur. "Kom julle môremiddag by my eet?" vra

Stephan onverwags . "Hierdie man mag maar kos maak," bevestig Wilhelm lughartig. Lonika drink 'n slukkie appelsap. "Klink heerlik. Sal daarvan hou," stem sy in. "Dan is dit afgespreek," finaliseer Wilhelm die afspraak.

"Jy lyk mooi," groet Stephan as sy oë goedkeurend oor Lonika se groen uitrusting gaan. "Gereed vir 'n middagmaal?" vra hy en neem Lonika se jas by haar. Sy knik instemmend en stap die huis binne terwyl Wilhelm kort op haar hakke volg. Hy kyk na Stephan se selfvoldane houding en wonder wat hy in die mou voer. "Hallo vriendin," groet Veron hartlik. "Vandag word ons heerlik op 'n vakansiedag bederf," deel sy Lonika sorgeloos mee en neem haar na die rusbank. "Stephan het gevulde hamhoenderporsies met gebraaide aartappels in die oond as hoofgereg. Een-of-ander-uitheemse dis," brabbel sy. "Ek is veronderstel om hom te help maar hy boender my elke keer onder sy voete uit," lag sy knipogend en drentel kombuis toe waar sy twee wynglasies op die toonbank sit. Sy skink vir haar en Lonika elk 'n halwe glasie wyn, stap woonkamer toe en gaan sit langs Lonika op die rusbank. Lonika neem haar glas by Veron en skuif gemaklik dieper tussen die kussings in. Sy glimlag gemoedelik vir Wilhelm as hy besluit om hulle alleen te laat en by Stephan in die kombuis aan te sluit. "Ek dog jy hou nie van my keuse nie," spot hy in 'n lae fluisterstem as hy in die rigting van die woonvertrek knik. "Ek moes vir Lonika vroue geselskap kry," kap Stephan verdedigend terug. "Of wil jy my voorskoot met nog 'n agterpant aanlas," voeg hy sarkasties by en stoot die plaat met die hoofgereg ergerlik dieper die oond in. "Nou waarmee kan ek jou help, meneer die kok?" paai Wilhelm. "Musiek sal welkom wees. Soos wat jy en Lonika dit doen," antwoord Stephan vermakerig. Wilhelm verstaan nie Stephan se bui nie en onderneem om dit later met hom op te klaar.

Wilhelm hoor die meisies in die woonkamer gesels en stap daarheen. "Veron, Stephan het jou hulp nodig," sê hy en loop na die musiekrak toe. Lonika sluit by hom aan. Hulle haal 'n paar langspeelplate uit en plaas hulle gunsteling, Don Williams, op die draaitafel. Wilhelm glimlag vir Lonika en maak 'n komieklike buiging terwyl hy haar in sy arms neem en met haar in die woonkamer dans. Hulle lag, gesels en ervaar genotvolle oomblikke as hulle Stephan en Veron speels in die kombuis hoor stry. Die kosgeur vul die woonvertrek en wakker honger speeksel in beide Wilhelm en Lonika se monde aan. Wilhelm kyk af op Lonika terwyl hy haar grasieus in die rondte draai. Hy trek haar stadig binne sy arms in en 'n oorweldigende behoefte om haar saggies te soen neem besit van sy begeerte. Hy sluit sy lippe warm op hare terwyl hy haar met sy bestaan liefkoos. Vlinders dwarrel genotvol in Lonika se maagwand en verwelkom sy sag manlikheid waarmee hy haar bejeën.

"Kos is op die tafel!" roep Stephan en maak sy keel hoorbaar skoon wat Lonika skaam uit Wilhelm se omhelsing laat glip. Die groep sit aan en Wilhelm spreek die bruikbare seën oor die voedsel. Hulle eet in vrede. *"Damn,* maar hierdie lummel kan darem lekker kos maak," sê Veron en skop Stephan speels onder die tafel. Stephan gluur na Veron. "As jy elke aand só kook skop ek my tekkies sonder om tweekeer te dink onder jou kooi in," sy knipoog vir Stephan terwyl Wilhelm en Lonika vir Stephan se verleentheid lag. Stephan grom iets onhoorbaars en skraap die leë borde bymekaar. "Wag ek kom help," sê Veron en druk 'n laaste stukkie kos vinnig in haar mond, gryp haar bord en knyp Stephan aan die boud oppad kombuis toe. Die paartjie aan die tafel lag gemoedelik vir Veron se kenmerkende persoonlikheid. "Vir wat vat jy so aan my gat?" fluister Stephan ergerlik digby Veron se oor in die kombuis. "Dink jy nie hulle is aansteeklik nie," knik sy in die rigting van die eetkamer en lag snipperig na Stephan. "Nee," brom Stephan. "Ek't jou gesê ek het my hart verloor," bevestig hy opnuut sy gevoelens wat hy heimlik vir Aliske koester. "Kan ek jou hart terug steel?" fluister Veron dringend en vul haar oë met verlange. "Nee," brom Stephan duidelik beslis. "Liewe donder," sê hy skielik ontsteld en loop haastig na die oond toe. "Ek het nooit die ding aangesit vir my baksel poeding nie." Hy stap kruidenierswarekas

42

toe en skuif 'n paar blikkies hardhandig eenkant. "Komaan, maak jou bruikbaar en gooi hierdie ingelegde vrugteslaai in 'n bak. Ek warm die vla op," gebied hy Veron en plak die blikkies vrugte voor haar neer. Hy plaas die vla in die mikrogolf en sny die blikkies een na die ander oop. Veron vul die vrugtebak daarmee. Hulle werk in stilte. Stephan besluit om die appeltert ook op te warm en dit as 'n bykomende dis te gebruik vir nagereg. Die paartjie stap met die eetgoed eetkamer toe. "Waar's die musiek, Ouboet?" vra Stephan gemaak lighartig. Wilhelm skuif sy stoel eenkant en sit die naald weer op die eerste snit van die plaat sodat Don Williams se bekoorlike sang vir die soveelste maal die groep vermaak. Veron gesels spontaan met Lonika terwyl die mans hulle verdiep in die motorbedryf. "Ons moet die week nuwe karre aankoop," bevestig Wilhelm sy voornemende gedagtes. Stephan knik bevestigend en is heimlik bly met die vooruitsig dat hy dalk Aliske weer gaan sien. "Hierdie week gaan ek haar uitvra. Dis tyd!" 'n Gevoel van weldoening vul sy gemoed.

SEWE

"Nou waar kom daardie blos vandaan," lag Petro as Lonika die ontvangslokaal binnestap. Lonika kyk betekenisvol na Petro en glimlag innemend "Môre Petro," groet sy vriendelik en mik vir die trappies. "Nee, nee, nee, nie so vinnig nie," keer Petro en draf agter die ontvangstoonbank uit. "Ek vertel jou etenstyd," sê Lonika oor haar skouer en betree die eerste trappie in haar haas om onder Petro se ondersoekende blik uit te kom. Petro drafstap verby Lonika en blok haar pad boontoe. Sy plaas haar hande weerskante op Lonika se skouers en kyk haar deurdringend aan. "So gedink. Jy's verlief," ontbloot Petro Lonika se hart. "Ek weet," kerm Lonika skouerophalend en trek haar gesig in 'n patetiese plooi. "Hy's vrééslik sjarmant," benadruk Lonika die 'vreeslik'. Dit wek 'n weekgevoel by Petro en sy klik haar tong betekenisvol. "Ai tog hartjie. Dat die liefde nou 'n mens so naak laat staan," sy skud haar kop betekenisvol en trek haar mondhoeke skeef. Lonika staar haar onthuts aan terwyl sy die woorde nadenkend in haar gedagtes opweeg. "Liefde naak laat staan? Ek dink nie so nie," besluit sy opstandig en skud Petro se hande saggies van haar skouers af. "Ek beter wikkel," sê sy en glip verby Petro verder die trappe op na haar kantoor toe. "Môre Meneer Conradie," groet sy vriendelik en plaas haar handsak in die onderste laai van haar lessenaar. "Koffie?" vra sy en is tevrede toe hy bevestigend antwoord. Dit gee haar kans om haar werksgedagtes te formuleer voordat sy amptelik met die week se dagtake begin.

Die telefoon op Lonika se lessenaar lui. "Meneer Conradie se kantoor, waarmee kan ek help?" antwoord sy vriendelik, terwyl sy na die tydaanwyser teen die muur kyk. "Amper etenstyd," dink sy. "Hallo Meisie," hoor sy Wilhelm se rustige stem. "Eerstens wil ek jou bedank vir 'n besondere naweek." Lonika glimlag goedkeurend by die aanhoor daarvan. "En tweedens?" vra sy gemaak nuuskierig as daar 'n oomblik se stilte heers. "Wil ek jou uitnooi om my eerskomende naweek na 'n gewilde natuurreservaat in Tshipise te vergesel." "Mag ek daaroor dink?" vra sy huiwerig. "Jy mag. Maar moet asseblief nie te lank dink nie, want ek moet nog reëlings tref." Sy knik ingedagte. "Ek het gehoop om Vrydagoggend te ry, indien jy 'n dag se verlof kan neem," doen Wilhelm aan die hand. "Ek sal probeer," antwoord Lonika sag. "Beteken dit 'n voorlopige, ja?" vra Wilhelm skepties. "Net as ek verlof kan kry," stem Lonika in. Wilhelm lag tevrede in die agtergrond. Dit wek 'n warm gevoel by Lonika as sy Don Williams se liriek in haar gedagtes aanhaal: *"Love me gentle, love me kind as I give this heart of mine to a new love I hope will never end."* Sy is broos, gelukkig. "Ek sal vanmiddag bevestig," sê sy opgewonde en beëindig die gesprek. "Ek sien uit daarna." Wilhelm groet en die verbinding skakel af. "Ditsem!" Skreeu Wilhelm opgewonde terwyl hy sy vuis in die lug swaai, emosies gevul met pure genot. "Ek staan in oorwinning," dink hy selfvoldaan as hy besef hoe wonderbaarlik sy lewe in 'n oogwink verander het.

"So wat's nuus, Ouboet?" vra Stephan nuuskierig by die deur. Wilhelm kyk geanimeerd na Stephan en plaas sy elmboë op die tafel terwyl hy sy vuiste voor sy ken saambol. "Ek en Lonika gaan heel waarskynlik die naweek padvat," sê hy selfversekerd. "Jy is op bystand vir besigheid," beslis hy Stephan se lot. "Ok," brom Stephan en stap kombuis toe om sy beker met koffie op te vul. "Vandag is ek nie lus vir liefdesfieterjasies nie," grom hy binnensmonds en neem homself voor om later 'n draai by Trustbank te maak. "Veron êllie my om," dink Stephan opstandig en gooi 'n ekstra opgehoopte lepel 'Jacobs' in sy koffie. "Gmmff," snork hy onnodig hard deur sy neusholte. "Wat krap jou so om?" vra Wilhelm bekommerd as hy Stephan vir 'n oomblik opsommend aankyk. "Veron dink ek's *gay*," brom Stephan en slurp 'n sluk van sy koffie. *"Gay?"* vra Wilhelm belangstellend hard en kan kwalik sy nuuskierigheid beteuel. "Ntja," klap Stephan sy tong en neem nog 'n slukkie koffie. "Daag my mos uit om te wys ek's *straight.*" Wilhelm kyk onseker na Stephan en proes sy ingehoue lagbui saam met 'n bekvol bruikbare koekiekrummels oor die wasbak uit terwyl hy haastig water sluk om te verhoed dat hy daaraan verstik. "Ja..., lag jou simpel," knor Stephan vies en loop met sy beker koffie deur die vertoonlokaal buite toe. "Daardie Aliske vroumens vreet my hart," sê hy saggies en tuur oor die besige straat die verte in. "Die naweek gaan ek dinge met haar uitklaar," dink hy vasberade en sluk sy laaste slukkie koffie. Hy stap terug kombuis toe en voel heelwat beter nadat hy die besluit geneem het. "Ouboet, is daar dokumente vir Trustbank wat ek moet neem?" skreeu-vra hy in die rigting van Wilhelm se kantoor. Hy staan hoopvol afwagtend in die kombuis terwyl hy sy beker uitspoel en glimlag ingenome as Wilhelm bevestigend terug antwoord. "Ja, kry sommer vir ons iets om te eet by ou Millies." Stephan stap vinnig na Wilhelm se kantoor toe. Hou sy gesig somber en luister aandagtig na Wilhelm se opdragte terwyl sy voete jeuk om spore te maak.

Aliske kyk vriendelik op as sy Stephan voor haar toonbank gewaar. "Hi," groet sy spontaan en skuif 'n hopie aansoekvorms eenkant toe. "Waarmee kan ek help?" vra sy. Stephan lê vertroulik oor die toonbank terwyl hy die pen ongestoord uit haar hand neem. Sy kyk laggend-verbaas na hom. Hy trek 'n los stukkie notapapier nader en skryf daarop. "Ek weet jy's *pregnant*. Ek's ongelukkig malverlief op jou. Ek wil jou nooi om die naweek saam met my te gaan fliek, te gaan eet en piekniek te hou langs Floridameer. Antwoord asb spoedig, voordat ek my kop in wanhoop verloor!!" Hy sit die pen selfvoldaan terug in haar hand, skuif die stapel aansoeke met die notapapier daarop na haar, draai om en stap by die glasdeure van die bank uit.

Aliske neem die nota in haar hand en lees dit met innerlike pret. Sy glimlag breëmond en kyk na die venster wat op die straat uitloop. Stephan staan by die motor se bestuurskant met sy hande wat uitgestrek oor die dak rus. "Komaan blou-oog blondenimf, gee my toegang tot jou hart," mompel hy ongeduldig en wag vir 'n teken dat Aliske sy uitnodiging aanvaar. Hulle oë ontmoet en ontwaak in 'n band van weldoening. Aliske kan die senuweeagtigheid om sy mondhoeke sien. Sy stut haar linkerarm ongemerk bo die toonbank, bal haar vuis prominent sodat Stephan haar duim wat fyntjies in die lug staan duidelik kan sien. Hy stoot sy duim ook bevestigend uit om seker te maak dat hy nie haar gebaar misverstaan nie en swaai sy arms triomflik as Aliske haar kop knik. Hy klim laggend in die motor en waai vir haar as hy die parkering verlaat. Sy waai liggies terug. "Stadig oor die klippe," kla haar gewonde hart. "Toemaar ek sal nie weer kop verloor nie," troos haar gedagtes.

"Waarheen gaan jy die naweek," vra Petro as sy die goedgekeurde verlofvorm op Lonika se tafel merk. "Wilhelm het my na 'n natuurreservaat genooi," antwoord Lonika en is vies omdat sy haar geheim moes bekend maak. "Wilhelm? Hmmm…, die sjarmante heer met die diep stem," koggel Petro en gaan sit oorkant Lonika as sy haar verlustig aan die blos wat Lonika se wange verkleur. "Ek het gesien Meneer Conradie is met sy tas in die hand hieruit," sê Petro. "Kom hy vanmiddag terug?" "Nee," antwoord Lonika ingedagte terwyl sy haar aandag op die taak voor haar vestig. Sy maak 'n paar vinnige aantekeninge op die getikte papier. "Dis 'n pragtige bos rose wat jy ontvang het," probeer Petro 'n geselskap ontlok. "Hmmm, jaaa, dis mooi," glimlag Lonika bevestigend en kyk vinnig oor die groot bos rooi rose wat op haar lessenaar staan. Haar oë straal van geluk. Petro se gelaat verklik haar bekommernis as sy wyslik haar gedagtes vir haarself hou. "Mag die lewe jou nie met doringvingers ontnugter nie," dink sy. "Ek loop maar weer," sê Petro en streel sag beskermend oor die bokant van Lonika se skrywende hand as sy opstaan. "Sien jou later." Lonika knik bevestigend en skuif 'n skoon blad in haar tikmasjien. Sy tik die hersiende paragrawe foutloos en plaas dit in 'n binder op Meneer Conradie se tafel. Sy tel die gehoorstuk van die telefoon op en skakel nege. "Ontvangs," antwoord Petro. "Ek sal volgende week opmaak vir al die verlore kuiertjies," belowe Lonika. "Dan vertel ek jou alles." "Doodreg, ek het gesien jy's van stasie af," lag Petro en druk die knoppie af sodra hulle gegroet het. "Van stasie af," grinnik Lonika en trek haar vingers stadig deur haar hare terwyl sy aan die aankomende naweek dink. "Wat moet ek inpak?" dink sy verbouereerd "Wilhelm het gesê dit is warm in daardie omgewing. Dalk net 'n paar ligte rokkies," debateer sy. "Of moontlik kortbroekpakkies, of…, sal môre aand besluit," gee sy die stryd gewonne en trek haar skouers ongemerk op.

AGT

"Is dit al jou bagasie?" vra Wilhelm en groet Lonika met 'n sagte soen. Hy trek haar liggies teen hom aan. "Ek het hierdie week na jou verlang." Lonika glimlag en gly opgewonde uit sy arms. "Ek het vir ons padklassiek bymekaar gemaak vir die reis." "Padklassiek?" vra hy geamuseerd. "Ja, 'n mengelmoes van klassieke musiek wat 'n mens na luister op 'n langpad," lag sy. Hy geniet haar verduideliking en lag-stap met haar bagasie motor toe. "Ek sien jy het padkos ook gepak," skerts hy as hy terugkom. "Het jy dalk 'n padkaart ook byderhand?" "Ja," antwoord sy. "In my padtassie." "Padtassie?" vra hy oorbluf. Lonika gaan staan vermakerig voor Wilhelm en trek sy kraag speels reguit. "Dis 'n tassie met noodhulpmiddels, handewasseep, indien jy publieke kleedkamers gebruik, en 'n knipmes vir ingeval die motor ons in die steek laat," sê sy stadig en duidelik. "Knipmes?" vra Wilhelm onbegrypend met 'n onsekere glimlag. "Ja, dit wat mansmense in hulle sakke dra om paddakoppe af te kap en slakderms uit te ryg en..." Wilhelm bulder van die lag en steek sy hande in die lug om die storm woordevloed te keer. "Wag, wag. Dis wat seuns met knipmesse doen," help hy haar reg. "Kom ons ry, voordat jy my onder die broodmes druk," skud hy sy kop laggend en neem die voordeursleutels van die gangkas af. "Is jy gereed?" vra hy en wag geduldig dat sy haar handsakbandjies oor haar skouer stoot. Sy glimlag tevrede. Hy laat haar voor hom uitstap en sluit die deur agter hulle. Hy plaas sy hand om haar lyf en pas by haar kort treetjies aan terwyl hulle motor toe stap. Wilhelm maak die motor deur vir Lonika oop. Sy skuif in haar sitplek in en merk die brosjure wat Wilhelm in die opening tussen die twee sitplekke geplaas het. Hulle vertrek en ry deur Pretoria, Pietersburg toe. Sy neem die brosjure en blaai na die kleurryke foto's wat die omgewing en reservaat beskryf. 'Tshipise. Dié natuurreservaat 39 kilometer suidwes van Musina en 86 kilometer noordoos van Louis Trichard. Tshipise *se ontwikkeling het ontstaan sedert 1936...'* "Ek het ons verblyf by dié hotel bespreek," sê Wilhelm gemoedelik en wys na die foto wat op die brosjure verskyn. "As Meneer en Mevrou Schmidt." Hy wag etlike oomblikke voordat hy die gesprek voortsit. "Die kamer het twee dubbelbeddens," lig hy Lonika in en kyk vlugtig in haar rigting om seker te maak dat die reëling haar geval. Lonika kyk op na sy gesig en knik met haar kop. Hy verander wyslik die gesprek. "Ek het vir ons 'n tafel vir aandete gereserveer," glimlag hy vir haar. Hy neem haar hand en sit dit op sy skoot terwyl hy syne om hare vou. "Ek wil die naweek vir jou aangenaam maak." Stilte. "Ek koester geen verwagtinge nie." Hy voel hoedat Lonika se hand onder syne ontspan. "Hierdie meisie is kosbaar en ek wil haar vir geen prys op aarde verloor nie," dink hy.

Lonika kyk deur die venster na die groen omgewing wat verby hulle flits en drink die prag van die natuur in sodat dit haar vul met die onverwagte wat voorlê. Haar oë gly oor Wilhelm se hand waarmee hy die stuurwiel behendig hanteer, die selfvertroue wat hy uitstraal en die beheersdheid wat so volkome deel van sy persoonlikheid vorm. Hulle ry die middedorp binne en Wilhelm glip onverwags by 'n parkering in. "Moeg vir padklassiek," sê hy laggend en soen Lonika se hand liggies. "Wat sê jy van een van ons gunstelinge?" Lonika lag bevestigend en Wilhelm kom 'n rukkie later terug met *'The very best of Don Willaims'*. "Hulle het nou waarlik niks anders gehad nie." Hy haal die plastiese verpakking af en druk die kasset in die speler. Hulle sing vrolik saam, terwyl die laaste uur na hulle bestemming verby snel. *"I don't believe in superstars, organic food and foreign cars. I don't believe the price of gold, the certainty of growing old, that right is right and left is wrong, that north and south can't get along, that east is east and west is west, and being first is always best, but I believe in love. I believe in babies. I believe in mom and dad and I believe in you ..."* Hulle lag vrolik as albei hulle vingers na mekaar wys. Wilhelm draai die musiek sagter sodra hulle die ingang na die reservaat nader. "Ons gaan gou inboek, vars aantrek en heerlik eet," bespreek hy hulle planne vir die res van die aand. Lonika geniet elke oomblik in sy geselskap en laat haar lei deur die res van die naweek se gebeurtenisse. "Môre gaan ons een van die oudste Baobab bome ter wêreld bestudeer, deur die Soutpansberge reis om die omgewing te verken en 'n draai maak by die Botswana grens."

"Jy lyk asemrowend," komplimenteer Wilhelm Lonika se voorkoms. "Jy lyk self sjarmant," glimlag sy. Hy neem haar aan die hand en lei haar eetsaal toe terwyl hulle saggies gesels. Die dik rooi mat sak speels weg onder hulle gewig as hulle rakelings daarop loop. Hy adem haar reukwater in en gly sy oë ongemerk oor haar loshangende hare. Die oomblik is vir hom onvergeetlik as sy opkyk en die liefde haar hart ontbloot. Hy druk haar hand teer. Lonika voel porseleinagtig breekbaar in sy teenwoordigheid en laat toe dat sy manlikheid haar atmosfeer beklee. Die kelner wys hulle sitplekke aan. Wilhelm trek haar stoel uit en stoot dit gemaklik onder haar in sodra sy deftig daarop plaasneem. Hy knipoog vir die kelner wat 'n rukkie later glasies op die tafel rangskik en 'n rooi roos voor Lonika neersit. Lonika lyk verras en neem die roos om daaraan te ruik. Sy bedank die kelner vriendelik. Die kelner skink die gebruiklike toetswyn in Wilhelm se glas. Wilhelm knik tevrede. Die glasies word half gevul. Wilhelm se aangesig skitter van innerlike genot as hy beminlik na Lonika staar. Lonika kriewel senuagtig haar vingers in haar hare, sigbaar geraak deur sy emosies. Sy kantel haar kop effens links en kyk vraend na hom. Hy glimlag breed. Sy wit hemp komplimenteer die blasheid van sy voorkoms. "Ek's hopeloos verlore-verlief op dié manlike heer," dink sy en sluk eg vroulik 'n slukkie wyn. "Sy pas perfek in my bestaan," sing sy helderdenkende brein en hy lig sy glasie toejuigend tot haar. Hulle oë ontmoet. Hulle is 'n toonbeeld van geluk.

"Is jy reg om deur die spyskaart te gaan vir 'n voorgereg?" vra Wilhelm beleefd en is intens bewus van die bypassende romantiese klanke van *Eine kleine Nachtmusik*, uitgevoer deur *Wolfgang Amadeus Mozart*, wat die halfskemer van die eetplek met weldoening beklink. Lonika trek haar asem hoorbaar in en laat toe dat die musiek haar inner verlange met sorg vertroetel. "Jy's beeldskoon," fluister Wilhelm skaars hoorbaar. Lonika glimlag, vervuld met geluk soos wat net 'n vrou kan voel as haar beminde haar hunkering met woorde betas. "Trou met my?" sê-vra Wilhelm en die erns van sy begeerte bekruip Lonika se lippe sodat sy in 'n fluisterstem, amper onhoorbaar, haar antwoord oor die palm van haar hand na hom stuur, "Ja," terwyl sy hand liggies oor hare streel. Wilhelm huiwer en soek onseker oor Lonika se gesig. "Het ek reg gehoor my lief, sal jy werklik met my trou?" Lonika se laggie is vir hom soos rooiwyn oor 'n naaksiel. "Ja, my lief. Ek sal met jou trou." Wilhelm kyk haar verwonderd aan. "As jy langer só na my kyk gaan…" maar Wilhelm het klaar haar woorde in sy mond opgevang toe hy liggies sy stoel eenkant skuif en haar in sy arms neem. Die kelner glimlag verwonderd tevrede waar hy afwagtend staan, gretig om die volgende opdrag van Wilhelm uit te voer. Wilhelm knik in sy rigting en laat Lonika vir 'n oomblik uit sy arms. Hy stoot weer haar stoel, oorweldig ontroerd en trots, onder haar in sodat sy gemaklik kan sit. Hy rus vir 'n oomblik sy hand op haar ontblote skouers om sy emosies onder beheer te dwing. Die kelner bedien die voorafgereëlde vonkelwyn in hulle glasies. Wilhelm neem haar hand in syne en skuif 'n agtien karaat, witgoud, diamantring oor haar ringvinger. Lonika snak na haar asem en staar oorbluf daarna. Sy kyk op na Wilhelm. Sy glimlag skitter voldaan in die kerslig en hy kneus haar hand met sagte soene sodat haar oë, gevul met volkome geluk, die spieëlbeeld word van haar hart. 11 Mei 1983 ontvou in 'n aand waarin 'n tuin van beloftes lê.

Die ligte klop aan die deur laat Lonika uit 'n diepe slaap ontwaak. Wilhelm skuif die bedsprei opsy en klim uit die bed om die deur oop te maak. Die kelner vra of hy die koffietrollie kan binnestoot. Wilhelm staan opsy. Hy merk die gesondheidsbeskuit wat in 'n houer op die trollie staan. "Hoe laat word ontbyt bedien?" vra hy skielik bewus van die honger wat ongevraagd die holkol op sy maag plunder. "Vanaf sewe-uur tot nege-uur meneer," antwoord die kelner beleefd. Wilhelm knik en skuif die deur opknip sodra die kelner die vertrek verlaat het. "Kom hier, jou wondervrou," terg Wilhelm en trek die laken opsy sodat hy langs Lonika inskuif. Hy neem haar saggies in sy arms en soen haar liggies oor haar gesig. "Ons moet opstaan. Daar's baie opwinding vir die dag beplan," sê hy saggies. Lonika knik en swaai haar bene van die bed af. Sy glimlag vir hom as sy skaam by die badkamer ingaan. Sy draai die stortkraan oop en laat die water vrylik oor haar liggaam spoel.

"My lief, stort jy altyd in sulke warm water?" vra Wilhelm terwyl hy langs haar inskuif en die warmkraan effens toedraai. "So ja, nou kan ons altwee saam stort sonder om te verbrand," lag hy as hy die blos op haar wange merk. Hy neem die seep en skuim dit in sy hande op, draai haar om sodat hy haar rug teer kan afspons. Hy soen haar saggies op haar skouers en draai haar voorkant na hom. Hy drup lopende stortseep daarop en handig die spons oor aan haar. Sy neem dit stil by hom. Hy glimlag bemoedigend en rol die seep in sy waslap sodat hy hom vinnig daarmee kan reinig. Hy glip voor haar uit die stort en vou die groot handdoek tussen sy arms oop sodat sy daarin kan gly. Hy draai haar styf toe daarmee en stuur haar saggies in die rigting van die kamer. "Trek lig en gemaklik aan," beveel hy hoflik en maak die badkamer deur toe sodat sy 'n oomblik van privaatheid kan geniet terwyl hy skeer.

Lonika het haar uitrusting fyn beplan en is aangetrek toe Wilhelm uit die badkamer kom. Sy grimeer liggies. Hy sit op die rusbank en blaai deur die oggendkoerant. Sy pak haar mooimaak goedjies weg en sprei sagte reukwater oor haar nek, pols en 'n vinnige sproei oor haar gelaat. Wilhelm hou haar ongemerk dop. "Die vroutjie is spesiaal," dink hy innemend. Lonika stap opgewek na hom en hou haar hande uit sodat hy syne daarin kan plaas. "Ek's gereed," sê sy blygeestig. Hy trek haar speels op hom af en soen haar vlugtig op haar mond. "Kom ons gaan eet," sê hy beslis en staan van die bank af op. Hulle stap hand-aan-hand die eetsaal binne. Hulle kelner glimlag breed toe hy hulle gewaar en wys hulle 'n geskikte plek aan om te sit.

Lonika wag in die ontvangslokaal op Wilhelm wat in die kamer sy beursie en haar handsak gaan haal het. Sy lees deur die brosjure wat op die sytafeltjie lê. *"Het jy geweet? Die Afrikaanse Baobab (Adansonia Digitata) is die enigste van die nou nege spesies (tot dusver was daar agt) baobabbome wat inheems is aan die vasteland van Afrika. Hierdie monsterbome met hul geswelde en onverskrokke takke wat meer soos wortels lyk as arms, staan ook bekend as olifantbome, 'groot boom' of onderstebo bome. Sommige baobabs word duisende jare oud, maar is moeilik om te verifiëer, aangesien die hout nie eenjarige groeiringe lewer nie.'* Wilhelm merk haar op waar sy verdiep in die leesstof sit. Hy handig die kamersleutels by die toonbank in. "Ons sal laat terug wees," klank sy rustige diepstem deur die fluweelversierde ontvangs. Lonika sit die brosjure terug op die sytafeltjie. Sy kyk op na sy figuur waar hy by die toonbank staan. Sy glimlag van pure genot as sy dink hoe geweldig ontvanklik haar wese vir hom is. Hy stap rustig na haar en skuif haar handsakbandjie oor haar skouer. Sy staan op, trek die bandjie hoër op sodat dit nie afgly nie en sit haar hand veilig binne syne. Hulle stap motor toe. "Enige padkos, padkaart, padtassie, pad-ietsie?" skud hy sy kop spottenderwys heen-en-weer as woorde hom in die steek laat en trek sy een skouer effens op. "Padstalletjie, padlopertjie, óf dalk 'n paddavissie," terg Lonika speels en lag uitbundig as sy gesig in 'n vraagteken trek. "Wat is 'n paddavissie?" vra hy gemaak dom. "Dis 'n padda wat nog 'n stertjie het en weens die afwesigheid van pote net in die water bly," deel Lonika ewe vermakerig haar kennis. "Dit is 'n klein paddavis," lag Wilhelm en maak die motordeur vir haar oop, wag dat sy gemaklik inklim, stoot die deur dan toe en stap na sy bestuurskant toe. Don Williams se rustige stem verwelkom hulle samesyn en dit neem nie lank voordat albei sag saamsing nie. Sy luister na die warm klank van Wilhelm se basstem en sing 'n bykomende vokaal sodat hulle eenheid in harmonie onthul.

'Silver Devil' doen sy naam gestand as hy deur die bergreeks spoed. Lonika staar by die venster uit en verkyk haar aan die digbegroeide verskeidenheid van plante. Wilhelm merk haar

belangstelling. "Het jy geweet 'n totaal van een honderd en sestien reptielspesies is in die Soutpansberg aangeteken," deel hy sy kennis met Lonika. "Regtig?" sê-vra sy belangstellend. "Ja, bosveld-stollingskompleks en sandsteen is van die bekendste rotssoorte wat hier aangetref word." Lonika luister aandagtig. "Kyk hoe staan daardie sandsteen opvallend uit," sê hy en wys in die rigting van 'n nabygeleë rotsklip. Hy verminder spoed sodat sy dit duidelik kan sien. Sy glimlag opgewek. "Die meeste sandstene word gevorm deur die ophoping van riviersedimente op die seebodem. Hulle word dan saamgepers en opgehef om nuwe lande te vorm. Sandsteen sedimentêre gesteentes bestaan uit sandkorrels wat in materiale soos silika of kalsiumkarbonaat gesementeer is. Die Soutpansberge is 'n reeks berge in die noorde van Suid-Afrika. Dit is vernoem na die soutpan aan die westelike punt. Vermoedelik ook die oorsprong van die sandsteenklip of rots wat in die Soutpansberge aanwesig is." Hy lag selfvoldaan as hy merk hoe beïndruk sy met die aanvullende inligting is.

Wilhelm ry stadiger as hulle die grenspos van Botswana nader. Hy parkeer naby. "Kom ons gaan neem foto's," sê hy en neem die kamera op die agterste sitplek. Hy maak vir Lonika die deur oop. Hulle stap na die bord wat die grens aandui. Hy roep 'n verbygaande jong Vendaman en wys hom die aangewese knoppie wat hy moet druk om van hulle 'n foto te neem. Hy kies die regte staanplek in die middel van die bord sodat die geskrewe gedeelte bokant hulle uitstaan. Hulle arms skuif by mekaar in. Wilhelm is 'n koplengte langer as Lonika. Sy leun saggies teen sy skouer. Hulle glimlag breed en die foto word geneem. Die jongman oorhandig trots sy handewerk aan Wilhelm en word dan beloon met 'n tienrandnoot wat Wilhelm uit sy bo-sak haal. Lonika lag saggies as die tandelose Vendaman sy tong in sy kieste klik van opregte uitgelatenheid en sy hande dankbaar saam klap. "Honger?" vra Wilhelm. "'n Bietjie," antwoord Lonika, "Kom ons gaan soek 'n padstalletjie" lag Wilhelm selfvoldaan.

Haar rooi en wit uitswaai rokkie speel soepel in die wind as hulle

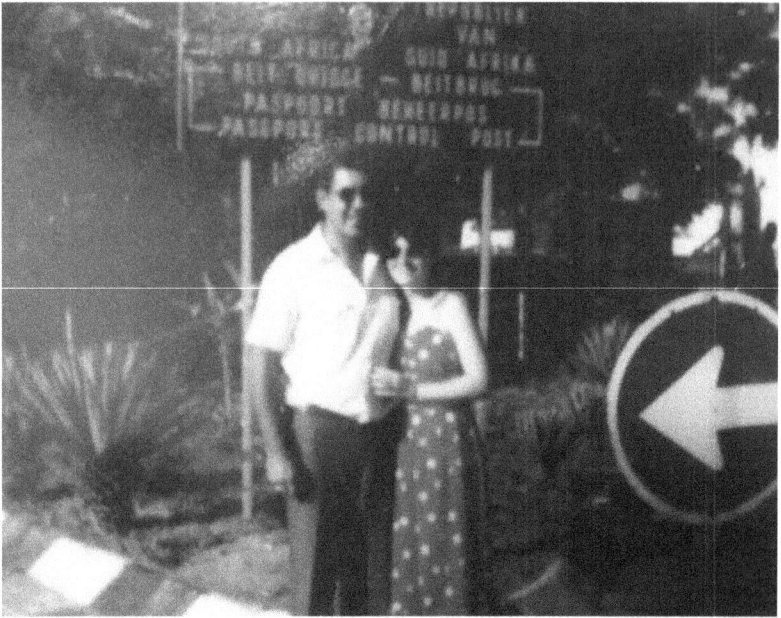

die opelug padstal binne stap. Die fyn bandjies komplimeneer die wit postuur van haar ontblote skouers. Wilhelm plaas sy hand op haar rug en stuur haar in die somerkoelte van die houtgeboutjie in. Hulle stap deur die rakke gepak met tuisgemaakte appel, tamatie, vye en appelkooskonfyt. Wilhelm neem 'n pak varsgebakte anysbeskuit. Lonika verkyk haar aan die handgemaakte houtbakke en gevlegde mandjies. Sy merk mandjies verpak met neute en vars sitrusvrugte. Die reuk van ouma se kombuis skop nes in Lonika se geheue en sy laat toe dat haar neus haar in die rigting daarvan lei. Sy stap die aangrensende vertrek binne en snak na haar asem as sy verwelkom word met talryke kleurvolle prag, mengelmoes van blomme en kruie wat haar uitnooi om dieper die vertrek binne te gaan. Die man agter die toonbank glimlag vriendelik en knik beleefd vir Wilhelm wat agter Lonika aanstap. Sy merk 'n tafeltjie met twee stoele tussen gebakte brood en verpakte kleinkoekies. Die sonstraal gooi sy laatmiddaghitte oor die lengte van die ronde tafel en glinster 'n spoggerige, lawwe oranje streep, oor die geelgroen vlinderdoek wat netjies oor die tafel vou. Die kuisheid van die hoekie lok Lonika en sy gaan stil in afwagting op die smal embuia stoeltjie sit, wat met bypassende kussings teen die leuning rus. Sy kyk op na Wilhelm wat haar verwonderd aankyk. "Dis my ouma se hoekie," sê sy sag en glimlag, gevul met heimwee. Woorde is oorbodig as sy oë die taal van haar hart verstaan.

Wilhelm laat haar begaan en stap na die toonbank waar hy mengelslaai en lemoensap bestel. Hy merk 'n los strandsak wat op 'n kapstok hang. Die egte sonneblom ontwerp wat aangebring is aan die voorkant van die sak, omhul die dag se wonder gebeurtenisse - wat Lonika met bykomstige deelname, help inkleur het. Hy neem die sak en plaas dit op die toonbank. Dan vereffen hy die bestelling en sluit die strandsak in. Hy skuif dit voor Lonika in. "Vandag mag jy 'n leeftyd se mooi herinneringe daarin pak," sê hy sag en soen haar op haar voorkop. Hy neem oorkant haar plaas. Hulle word bedien en eet in vrede. "Is jy reg vir die pad?" vra Wilhelm. "Ek's gereed," antwoord Lonika gelukkig. Die eienaar stap hulle glimlaggend tegemoet en oorhandig 'n botteltjie tuisgemaakte vyekonfyt aan Lonika. "Padkos," groet hy vriendelik. Lonika en Wilhelm kyk betekenisvol na mekaar en glimlag tevrede. Die eienaar wens hulle voorspoed toe met die reis en verdwyn dieper die gebou in. "So volkome volmaak," dink Wilhelm en sien toe dat Lonika veilig in haar sitplek inskuif. Hy kyk op na die son terwyl hy om die motor loop. "Dankie ou maat," praat hy sag en wens dat die dag nie sy skynsel sal verloor nie.

"Is jy lus vir 'n fliek?" nooi Wilhelm. "Sal heerlik wees," antwoord Lonika nadat hulle gestort en verklee het. Hulle stap hand aan hand na die hotel se teater toe. Wilhelm neem die laaste twee oorblywende sitplekke. Hulle is net betyds om die voorvertoning te sien. 'Flashdance' rol die naam oor die doek. Jennifer Beals vertolk die hoofrol in die musiekblyspel as Alex Owens. Sy is 'n vroulike dinamo wat twee beroepe volg, bedags staalwerker en snags 'n eksotiese danser. Haar droom is om by 'n regte dansgeselskap aan te sluit. Met die aanmoediging van haar bestuurder, wat later haar kêrel word, kry sy die geleentheid. Die stad Pittsburgh is gevul met sterre. Die gehoor word gefassineer met uitmuntende danspassies en bykomstige musiek wat hulle deur boeiende emosies lei. Die fliekgangers verlaat die teater met 'n energieke opgeruimdheid as hulle die verskeidenheid van tonele met mekaar deel. Wilhelm en Lonika is nie uitgesluit as hulle ligsinnig 'n paar danspassies naboots terwyl hulle na hulle kamer toe stap nie. Hulle lag plesierig vir mekaar se lomp pogings.

Wilhelm skakel die radio aan. "U is ingeskakel op Kunstenaarsdebuut tot vanaand om tien. Ons luister na die snit *Claire De Lune,* uit die album *Classics of the Heart* voorgedra deur *Suite Bergamasque".* Wilhelm stel die klank sagter sodat dit die skemer atmosfeer van die slaapvertrek komplimenteer. Hy gaan sit rustig op die rusbank, trek sy skoene uit en laat sy kop agter op die rugleuning lê. Hy sluit sy oë sodat die musiek deur sy gedagtes streel en sy liggaam met harmoniese-vingers aanraak, wat hom sluimerend wegdra na oorde van vrede. Lonika stap uit die badkamer waar sy verklee het. Stoom gevul met roosmaryn, strooi wasige beelde teen die oppervlakte van die spieël en lok Wilhelm uit sy sluimering, sodat hy sy oë onwillig op 'n skrefie trek om die geur van haar bereikbaarheid in sy geheue in te dring. Hy merk haar eg vroulike beweging as sy nader aan hom skim terwyl haar nagrok deursigtig, die soepel buitelyne van haar liggaam vertoon. Wilhelm staar na haar droombeeld as sy supersag die een voet voor die ander plaas om hom met die beweging van haar heupe, in haar liefdeskring te ontmoet. Sy hou haar handpalms welkomend na bo en hy plaas sy hande weldoenig daarin. Hy neem haar in sy arms en liefkoos haar sagte vel, haar lippe, haar nek totdat hy haar onder hom inskuif. Woorde het alle gedagtes ontsluit. Hulle hunkering word een.

Wilhelm en Lonika teken uit en durf die langpad huis toe aan. Wilhelm besorg die bagasie in die kar. Hulle ry gesellig terwyl hulle oor die omgewing se geskiedenis bespiegel. "Hendrik Verwoerd is op 8 September 1901 in Amsterdam gebore. Hy word as premier aangestel in 1958 na die dood van J.G Strijdom. Op 9 April

1961 spring hy 'n sluipmoord vry tydens die Randse Skou waar hy twee keer in die gesig geskiet is deur David Beresford Pratt. Maar in 1966 was 'n tweede poging om sy lewe te neem deur 'n parlementêre boodskapper, Dimitrios Tsafendas, suksesvol waarin hy doodgesteek is terwyl hy aan sy tafel in die Volksraad gesit het. Ten tyde van sy dood is hy betreur deur sy vrou en sewe kinders," deel Lonika die gebeurtenis met Wilhelm. "Hoe weet jy dit?" vra Wilhelm verbaas oor haar kennis. "Gelees in die brosjure by die ontvangs van die reservaat," snip sy terug. Wilhelm lag opgewek. "Ons gaan deur die Hendrik Verwoerd Tonnels ry oppad huis toe," bevestig Wilhelm. "Dit is dan ook 'n gulde geleentheid om jou padkos te nuttig, waarvoor jy die hotelpersoneel omgekoop het om in te pak, en dan neem ons sommer 'n paar foto's," besluit Wilhelm. Lonika knik innemend.

NEGE

"Hoekom kyk ons Oliver Twist?" vra Aliske nuuskierig, bewus daarvan dat dit uitsluitlik Stephan se fliekkeuse was. "Want jy's *pregnant*," antwoord Stephan. "Huhhh...ekskuus?" frons Aliske onseker as sy opkyk na Stephan. "Kom ons kyk fliek dan stry ons later daaroor," sê hy sag, gerusstellend naby haar gesig en plaas die sak met lekkernye tussen hulle. Hy maak haar pakkie springmielies oop en sit dit versigtig op haar skoot sodat sy dit maklik kan bereik. Sy hand raak liggies aan haar geswelde buik wat 'n sensasionele gevoel deur sy lyf stoot. Hy maak sy keel liggies skoon en drink vinnig 'n slukkie koeldrank. Hy voel trots om saam haar gesien te word en moet hom weerhou daarvan om nie oorweldig te word deur sy gevoel vir haar nie. "Ek het gedink jy sal van 'n kinderfliek hou wat 'n musiekblyspel insluit," fluister hy teer hoorbaar aan haar. Aliske knik en kyk tevrede na hom. "Dankie," fluister sy dankbaar terug. Sy uiterlike straal van genot as hy die deernis in haar stem hoor. Hy glimlag selfvoldaan. Hulle vestig hulle aandag op die verhaal wat beide Stephan en Aliske boei.

"Nadat Oliver Twist (Barney Clark), 'n nege jarige seun, se ouers dood is, word hy na 'n werkshuis gestuur waar hy mishandel en verwaarloos word. Op 'n dag vind Oliver die moed om te vra vir 'n tweede porsie van sy aandete wat die amptenare van die werkshuise dwing om hom weg te stuur. Nadat hy onsuksesvol probeer het om 'n vakleerling by 'n kismaker te wees, jaag die eienaar hom weg. Oliver stap na Londen opsoek na nuwe werk. Hy raak egter deurmekaar met 'n jong sakbende wat mense beroof van hulle besittings. Wanneer Oliver vals beskuldig word vir 'n misdaad wat hy nie gepleeg het nie, red 'n vriendelike welgestelde man hom. Die diefhandlanger wil egter verhoed dat Oliver die gereg van hulle misdade vertel. Oliver word geforseer om moord te aanskou terwyl hy poog om sy eie lewe te beskerm."

"Hoekom huil jy?" vra Stephan besorgd, terwyl die toneel voor hulle afspeel. "Want ek's *pregnant*," snik Aliske. Stephan plaas sy arm op die leuning van die fluweelrusstoel en trek Aliske in die holte van sy bors. Sy leun met haar kop stewig teen sy skouer en laat toe dat die trane oor haar wange loop terwyl innerlike pynkreune haar gemoed penetreer. Hy haal ongemerk sy sakdoek uit sy baadjiesak en handig dit besorgd oor aan haar. Sy snuif haar neus geluidloos daarin. Hy druk haar stywer teen sy skouer vas uit vrees dat sy die beskerming van sy liggaam sal verlaat. Sy glimlag verskonend op na hom. Hy kyk bemoedigend af na haar. Hulle vestig weer hulle aandag by die laaste gedeelte van die vertoning. "Selfs die sout van haar trane bekoor my gees," dink Stephan terwyl hy tevrede agteroor skuif. Aliske het haar emosies onder beheer as hulle die teater verlaat.

"Kom ons gaan eet iets ligs voordat ons huis se kant toe staan," stel Stephan voor. Aliske lag. "Na al die lekkernye?" "Ek wil nog 'n bietjie langer by jou wees," kla Stephan en mik na die eettafel wat oorkant hulle by 'n laataand koffiewinkel leeg staan. "Koffie sal welkom wees," erken Aliske. Stephan laat haar gemaklik sit en bestel twee sterk koffies. "Bring sommer vir ons elkeen 'n *super moist banananut muffin,*" lees hy op die spyskaart aan die kelner voor.

"Ek is jammer ek was so erg emosioneel," bieg Aliske toe die kelner hulle tafel verlaat. "Waarom? Ek kon myself verdrink aan jou trane," terg Stephan en trek sy gesig skeef. Aliske lag ontspanne. "Ek is darem net bly Oliver is veilig tuis by sy oom se huis," terg Stephan. "Anders het jy 'n natuurramp veroorsaak, en ons almal onder 'n vloed van soutwater gedompel," spot hy laggend. Aliske skop hom speels onder die tafel en kan nie verhelp om saam te lag nie. Die kelner bring hulle bestelling. Aliske is merksaam tevrede en Stephan voel trots omdat hy dit by haar kon gewek het. Stephan vereffen die rekening en trek haar hand deur die buiging van sy arm as hulle van die koffiewinkel af wegstap.

"Moenie te ernstig raak nie," skerm Aliske versigtig. Stephan loop gemaklike klein treëtjies langs haar en buig sy kop vertroulik oor na Aliske sin. "Jy laat my nou asprês aan paasfees dink," sê hy grappenderwys terwyl Aliska onbegrypend na hom kyk en nie kan verhelp om die onderliggende teregwysing in sy stem te hoor nie. "Jy steek die paaseier onder die sitkamerbank weg met die hoop dat ek dit vinnig genoeg sal kry, sodat jy my tjoklitbek met moeite kan aflek." Hy kyk teer af na haar en merk die waarskuwende begrip wat in haar oë wys. "Dis in elk geval te laat," erken hy sag openlik en draai haar sodat sy na hom kan kyk. Hy neem haar ander hand ook in syne. "Laat my toe om dit alles vir myself uit te werk, niks is afdwingbaar nie, die oomblik is vir my genoeg," troos sy woorde haar onsekerheid. Hulle staan teenoor mekaar en meet die 'oomblik' aan die waarde wat die omstandighede hulle bied. "Kom ons kry jou tuis," beveel Stephan streng en neem haar hand terwyl hulle motor toe stap. Hy besorg Aliske veilig by haar ouerhuis, ry na sy blyplek en bepeins die kosbare oomblikke wat hy in haar geselskap deurgebring het. "Tyd sal leer," sluit hy die aand se gedagtes af.

Die verskeidenheid van eende plaps flink deur die water opsoek na kos. Die swemvliese tussen die drie tone laat hulle voortreflik voort stu as hulle telkens hulle snawels in die water druk om moedig hulle maaltyd onder die water te eien. Aliske geniet dit om hulle dop te hou en ervaar innerlike pret as hulle lomp oor die droë aarde waggel. Die verekleed van die mannetjies is baie opvallend in broeityd wat hom met sy donkergroen kop, smal wit kragie en perskleurige bors, laat uitstaan. Sy rug en pens is wit-valerig en die sye is bruin. Sy lag uitgelate as die middelste vere van die vaalstert met die donkergroen krul daarop, vinnig geskud word terwyl hy flikvlooi om 'n valerige wyfie se aandag te trek. "Sleep maar vlerk *casanova*, een van die dae is broeityd verby dan verloor jy jou spoggerige veredos," praat Aliske vermakerig.

Stephan sit op die bankie langs Aliske en benut die gesellige omgewing terwyl hy na haar eenmansgesprek luister. Hy laat haar begaan. 'n Teerheid vul sy gelaat. "Lus vir stap?" vra hy en draai sy gesig skuins sodat hulle oë ontmoet. "Klink goed," antwoord sy. Hulle staan op. Hy neem haar hand in syne. Floridameer, geleë aan die wesrand van Johannesburg, strek oor 'n wye area met aangrensende huise weerskante en 'n welversorgde park met bloekombome wat die omgewing in 'n lushof omskep. Paartjies loop gesellig verby hulle. Stephan merk dat hulle onderlangs dopgehou word deur 'n ouer paar wat eenkant op 'n bankie sit en wyslik na hulle staar. Hy besef hulle is onder bespreking en knik 'n groet in hulle rigting. Die ouer paar lig hulle hande en groet vriendelik terug terwyl oumensplooitjies om hulle ooghoeke en monde vorm. Stephan wag dat hulle buite sig is voordat hy versigtig vra. "Hoor jy iets van die pa?" "Nee, uuhh," sug Aliske. "Wil jy vir my sê, hy sit jou op die paal en vat pad?" sê-vrae Stephan onnodig hard terwyl hy alreeds die antwoord weet. Die werklikheid daarvan kom lê vlak in Aliske se gemoed. "So iets," skerm sy geïrriteerd. "En jy skop universiteit op!" voer Stephan die onaangename onderwerp verder. "Het ek 'n keuse gehad?" verdedig Aliske opstandig en voel genoodsaak om die gesprek te beëindig. "Kyk Stephan, my toestand is ook veroorsaak deur myself, ek is werklik bekwaam genoeg om..." "Whoa!" Roep Stephan die gesprek tot halt as hy sy hande in die lug stoot. "My aanval is nie teen jou nie. Dis net onverstaanbaar. Jy weet ek vrek oor jou." "Jy hoef nie. Eerlik, dit maak jou nie 'n hero nie," val Aliske hom sag, dog ferm in die rede. Hulle staan berekenend teenoor mekaar. Stilte het 'n sluier kom trek oor hulle gemoed.

Die roomyskarretjie lui sy klokkie iewers in die agtergrond as hy duskant hulle verby ry. "Ek kan net dink as ek kou," gee Stephan die stryd gewonne en stop die fietsryer met 'n languitgerekte fluit terwyl hy vinnig in sy rigting loop. Aliske staar hom met gemengde gevoelens agterna. Hy koop twee vanielje roomyse met kakao lae om. Hy skeur die bostuk van die papier af en gee Aliske sin vir haar. Sy merk dat sy gemoed intussen kalmeer het. Hy skeur syne ook af en gaan sit plat op die gras, skop sy skoene eenkant en hou sy hand uit sodat dit kan dien as stut vir Aliske om langs hom te kom sit. Hy lek smaaklik aan die roomys voordat hy praat. "Ek wil nie die dag bederf nie," erken Stephan kalm, huiwer 'n oomblik en vat nog 'n lek van sy roomys. "Ek sou graag plekke wou ruil met die ou. Dis al," sê hy verskonend. Albei smul in stilte aan hulle roomyse terwyl hulle ernstig oor die onderwerp nadink. "Jy moet verstaan Stephan, dit is nie vir my maklik nie," sy huiwer "en moet dit ook nie moeiliker vir my maak nie," sê sy beslis, sag. Stephan knik sy kop in bevestiging, staar oor die meer en antwoord in 'n ligter toon: "Solank jy besef hoe ek oor jou voel." Hy soek begrip in haar oë. Sy knik bevestigend.

Die water gooi 'n geel skynsel oor die grasperk en raak speels aan haar nek en ken. Sy knip haar oë teen die laatmiddagson en word weggevoer deur die weerkaatsing van die boomblare wat oor die water rits. Sy merk dat die lowergroen blare verkleur na herfs en besef instinktief dat sy ook 'n winterseisoen van haar lewe binnegaan. Sy laat haar oë dwaal oor die buiging van die bloekomboomtak wat laag hoflik voor haar kom buig het, in eerbied vir haar swangerskap - 'n gevoel van hopeloosheid. "Kom swaan van die dag, laat ek jou ophelp," verbreek Stephan haar gedagtes in 'n opgewekte luim en staan op. Hy hou sy hande uitnodigend en trek haar liggies op haar voete. Aliske laat toe dat hy haar hand in syne neem en met haar deur die park loop, motor toe. Sy verwelkom sy teenwoordigheid op die oomblik en die beskerming wat dit vir haar bied. Hulle ry rustig huis toe.

TIEN

"Laat ek sien?" vra Petro nuuskierig en trek Lonika se hand onverpoosd na hare. "Dis 'n knewel van 'n diamant," sê Petro inskiklik en kyk vol bewondering daarna. Lonika glimlag trots. "Wanneer is die groot dag?" vra Petro. "Elfde Junie," antwoord Lonika. "Jinne mens, maar dinge gebeur vinnig," sê Petro verbaas. Lonika trek haar hand sag uit Petro sin, onmiddellik spyt dat sy met Petro die naweek se gebeure gedeel het. "Etenstyd is amper verby," sê Lonika vinnig en sny 'n strepie ham in stukkies voordat sy dit saam met gekerfde kaas in haar mond sit. Petro kyk haar verwonderd aan. "Jy het nog 'n klomp reëlings om te tref voor die groot dag," sê Petro simpatiek. "Ja," knik Lonika haar kop en sluk die laaste voedsel met appelsap af sonder om op te kyk. "Verskoon my," mompel Lonika sag terwyl sy haar stoel agteruit skuif. "Sê net waarmee ek kan help," offer Petro haar hulp en vou haar hande onder haar ken in terwyl sy Lonika opsommend betrag. "Dankie," glimlag Lonika verleë en neem haar skinkbord toonbank toe. Dit was op die punt van haar tong om Petro te vertel dat Wilhelm voorgestel het dat sy by hom moet intrek, maar gelukkig kon sy die openbaring daarvan weerhou weens die onvrymoedigheid wat Petro by haar geskep het. Sy was in elk geval van voorneme om eers aan die einde van Junie haar woonstel op te gee sodat sy genoegsame tyd het om al die nodige reëlings te tref.

Die telefoon lui op Lonika se lessenaar. Sy tel die gehoorstuk op, maar voordat sy kan antwoord, hoor sy Petro se stem. "Ek ken 'n vroutjie wat bruidsrokke brei op 'n breimasjien met hekelgaring. Dit lyk asemrowend mooi," sê Petro selfvoldaan. Lonika luister aandagtig terwyl Petro haar sin voltooi. "As jy wil kan ek 'n afspraak reël?" Lonika voel Petro se afwagting aan. "Net as jy saamgaan," nooi Lonika met 'n glimlag. "Ek sal daarvan hou," antwoord Petro tevrede. "Afgespreek," bevestig Lonika opgewek en ervaar 'n gevoel van opwinding as sy aan haar voorgenome huwelik met Wilhelm dink. Die week spoed vinnig verby nadat Lonika 'n prioriteitslysie opgestel het om haar troureëlings noukeurig deur te voer.

Dis Saterdagoggend en 'n ligte klop aan die woonsteldeur meld Wilhelm se aankoms aan. Lonika drafstap opgewonde om die deur oop te sluit. "Is jy gereed vir ons eerste inkopiedag saam," groet Wilhelm opgewek en trek haar in sy arms in. Hy soen haar hartstogtelik. "Ek het na jou verlang meisiekind," sê hy besitlik en gee haar weer 'n vinnige soen op haar mond. "Kry jou handsak sodat die toekomstige vrou van die huis haar meubels kan gaan uitkies," glimlag hy innemend en gee Lonika 'n ligte hou op haar boud terwyl hy haar aanmoedigend in die rigting van die kamer stuur om haar handsak te gaan haal. Lonika lag saggies en is spoedig weer terug, gereed om te ry. Wilhelm sluit die deur, neem haar hand en stap motor toe, maak vir haar die deur oop, sien toe dat sy gemaklik is en skuif agter die stuur in. "Daar is 'n bekende meubelhandelaar in die dorp wat goeie gehalte meubels vervaardig. Ons behoort die beste daar te kry," deel hy sy besluit met Lonika. Sy knik tevrede. "Maar eers moet ek jou gaan wys waar jy gaan bly," lag Wilhelm by die gedagte dat hierdie deel van sy lewe nog nie met Lonika gedeel is nie. "Dit lyk my daar is nog heelwat punte wat ons sal moet bespreek gedurende die naweek," bevestig Wilhelm op 'n ernstiger luim. Lonika kyk op na Wilhelm en hulle oë ontmoet. Hy glimlag bemoedigend en Lonika skuif die lawwe onsekerheid uit haar gedagtes uit.

Hulle ry rustig deur Randfontein. Wilhelm stop by J.S Motors. "Dis my besigheid," wys hy Lonika en groet die petrolpersoneel met 'n ligte knik van sy kop as hy stadig verby die brandstofpompe ry. Hy weifel net vir 'n oomblik by die vertoonlokaal sodat Lonika 'n vinnige blik kan kry oor die pragmotors wat op sy vertoonvloer staan. Lonika merk die trots in sy houding. Hulle ry verder na die buitewyke van Randfontein.

Wilhelm draai skerp regs in 'n smal pad tussen die kleinhoewes deur. Hy stop by 'n groot huis wat naby die pad staan en maak die hek oop. Hy ry stadig tot voor die vier motorhuisdeure. Hy skakel die motorenjin af. Hy kyk innemend na Lonika. "Dis waar jy gaan bly," sê hy sag trots. Lonika vermy sy oë en kyk na die buitegeboue, die netheid van die groot tuin en die geweldige groot, luukse huis. "Kom ek neem jou na binne," stel Wilhelm voor. Hy klim uit die motor en maak haar deur oop. Hy neem haar hand stewig in syne en stap agterdeur toe. Hy sluit die deur oop en laat dit gemaklik eenkant swaai terwyl hy opsy staan vir Lonika om binne te gaan. Lonika stap in en verkyk haar aan die enorme kombuis met kiaathoutkaste wat moontlik enige vrou se hart kan begeer. Sy stap gemaklik en nuuskierig na die aangrensende vertrek en verlustig haar aan die groot, oop vensters waardeur die son helder inskyn en die vertrek ophelder. Haar oë gly oor die ronde imbuia eetkamertafel met twaalf stoele en bypassende buffet. "Jy mag dit alles vervang as jy wil," fluister Wilhelm sag by haar oor as hy agter haar staan en sy hande liggies om haar middel plaas. "Nee, dis pragtig. Laat dit asseblief net so bly," sê sy oorbluf, welvallend. Nie gewoond aan die luuksheid wat besig is om in haar lewe in te vormeer nie. Sy stap na links deur die oop boë van die muur wat met twee pilare weerskante gestut word en merk dat die vertrek leeg is. "Dis die hoofsitkamer, en soos jy kan sien kort dit meubels," lag Wilhelm sag en swaai sy hand oor die vertrek. Lonika merk dat die dik mat altwee die vertrekke se oppervlakte dek. Dit is ruim en kyk gerieflik op die straat uit. Die gordyne hang swaar en is netjies gerangskik om saam met die luuksheid van die huis te smelt. Wilhelm volg haar as sy na links stap en die woonvertrek binnegaan. Sy merk twee groot rusbanke en twee gemaklike stoele. Die roomkleur pas netjies in die groot middel vertrek wat uitlei na die aangrensende sonkamer. Lonika glimlag innemend as sy die groen en blou rottangstel sien. "Diep stoele wat gemaklik behoort te sit in die winterson," dink sy. Wilhelm stap vooruit en skuif die sonkamer se glasdeure oop. Dit lei op die swembad uit. Lonika staan in die glasdeur en kyk na die blou wat die water teen die son afets. Sy draai om na Wilhelm en glimlag. "Dis só ruim," sê sy ter bevestiging van haar gedagtes en glimlag opgewek. "Ek het gehoop jy hou daarvan," antwoord hy terug en soos telkens van tevore vind sy behae daarin om na die dreuning van sy stem te luister. "Dit vorm alles so deel van hom. Van sy lewe," dink sy beskeie.

"Kom ek wys jou die kamers." Hy stuur haar in die rigting van 'n gang wat by die woonvertrek uitloop. Op die regterkant waar die gang begin, is die voordeur wat met 'n swaar deur toegang bied tot die voortuin. Die ingang is leeg. Die gang is verder op breed en strek dieper die huis in. Op linkerkant is 'n kinderslaapkamer. "Dit is my seun se kamer," sê Wilhelm. Lonika merk dat die kamer leeg is. "Toe ons geskei is, is die kinders se meubels saam met hulle," bevestig Wilhelm haar gedagtes. Hulle stap verder waar die gang 'n buiging na regs maak. Op die regterkant is nog 'n leë vertrek. "Dit is my dogter se kamer," wys Wilhelm na binne. Lonika glimlag innemend. "Ook 'n heerlike sonvertrek," dink sy. Hulle stap verder in die gang af. Op regterkant is die gaste badkamer en op linkerkant is die gastekamer wat ook leeg is. Wilhelm lag opgewek as hy Lonika se gesig sien. "Nou verstaan jy waarom ons moet gaan meubels koop." Lonika lag saggies terwyl sy haar kop skud.

Wilhelm stap vooruit na die hoofslaapkamer toe. "Dis ons slaapkamer," sê hy sag asof hy op haar goedkeuring wag. "Jy kan hierdie meubels na die gastekamer verskuif, as jy wil," sê hy en stap deur na die ruim aantrekkamer wat die badkamer van die slaapkamer skei. Daar is voldoende spasie vir twee persone om gemaklik daarin te kan verklee. Die badkamer is gerieflik groot met ligte blou teëls oor die mure en vloer. 'n Groot spieël hang bokant die dubbele wasbak. Drie trappies rond die muurbad af, wat hoër uitstaan as die res van die vertrek. "Kom juffrou, nou moet ons ry voordat die deure toemaak," lag Wilhelm en neem Lonika in sy arms terwyl hy haar wange met ligte soene beloon. Hulle stap haastig met die gang af, sluit die agterdeur en vertrek dorp toe.

Wilhelm parkeer reg voor die meubelhandelaar, maak die deur vir Lonika oop en begelei haar die lokaal binne. 'n Verkoopsdame groet hulle vriendelik as sy hulle tegemoet stap. "Kom ons begin by die slaapkamerstelle," stel Wilhelm voor en laat toe dat die verkoopsdame hulle daarheen neem. Lonika kyk deur die verskeidenheid van meubelstukke wat op die vertoonvloer staan. "Miskien sal dit makliker wees om eers die kinders se stelle te kies," doen Wilhelm wyslik aan die hand. Lonika knik en stap tussen die enkelstelle deur.

Sy het nog nie Wilhelm se kinders ontmoet nie, maar wil hulle verwelkom met 'n gevoel van warmte as hulle vir hom kom kuier. Sy kies 'n sagte, wit stel vir sy dogter wat sy met pienk gordyne sal afrond en 'n ligte bruin stel vir sy seun. Wilhelm het genoem dat hulle ouderdomme tien en agt is. "Ek sal hulle kamers met groot kleurvolle kussings afrond. Dalk vervang ek ook die gordyne sodat dit warm en verwelkomend kan lyk," dink sy. Sy is inskiklik met haar keuses vir die kinders se kamers en kyk afwagtend na Wilhelm. Hy hou haar opsommend dop, glimlag breed as hy merk dat sy op sy goedkeuring wag en haar vingers stadig deur haar hare trek. Dit fassineer hom en hy knik opgewek instemmend. Die verkoopsdame skryf die stelle in haar notaboekie neer en neem hulle na die hoofslaapkamer se afdeling toe.

Dit was vir Lonika maklik om die kinders se stelle met sorg te kies, want hulle is deel van Wilhelm se lewe, maar sy huiwer merkbaar as dit by die uitkies van die hoofslaapkamer kom. Sy trek weer haar vingers stadig nadenkend deur haar hare terwyl sy tussen die verskeidenheid van meubels beweeg. Wilhelm merk haar onsekerheid. "Kies wat jy regtig wil hê," fluister hy sag ondersteunend. "Ek is nie gewoond aan soveel luukshede nie," erken sy senuweeagtig teenoor hom. "Ek wil vir jou die beste gee," antwoord hy bemoedigend. Lonika merk die dringendheid in sy stem en stap na 'n Leila-swaarhout drie-eenheid stuk waarvan sy ongemerk die prys gesien het. Die prys is nie so buitensporig nie en dit skep 'n gevoel van verligting by haar. Haar keuse geval Wilhelm en hy knik bevestigend in die rigting van die verkoopsdame.

Wilhelm stuur Lonika liggies met sy hand onder haar elmboog in die rigting van die sitkamerstelle. Lonika glimlag toe sy 'n handgekerfde Victoriaanse stel opmerk. Twee rusbanke, twee russtoele en 'n rusbank met 'n stutrug net aan die eenkant. Die ligpienk daarvan pas perfek in haar geheue as sy die swaargordyne daarteen opweeg. Wilhelm voel haar opgewektheid aan en voeg 'n ronde antieke eikehout aardbol by wat as 'n drankeenheid dien met 'n bypassend voetstuk wat sorgvuldig saam met die Victoriaanse stel saamsmelt. Hulle kies die tafeltjies met marmerblad en goudafwerking saam. Dit laat haar ontspan en sy lag opgewek.

"Jy het vergeet van die voorportaal," herinner Wilhelm Lonika terwyl hy teer in haar oë afkyk. Sy trek hom aan sy hand in die rigting van die eksklusiewe uitgekerfde muurtafels en bypassende spieëls. "Jou keuse," nooi sy hom vriendelik en swaai haar hande oor die meubels. Hy lag vermakerig en wys kamma skaam na 'n eenheid wat teen die muur staan terwyl hy haar optrede van flussies naboots. Sy lag vir sy optrede en fluister spottenderwys: "Jy kan kies net wat jy wil hê." Wilhelm lag hard en trek haar vinnig in sy arms. "Jy's 'n boelie," sê hy en soen haar innig op haar lippe terwyl hy sy vingers om haar mond tuit sodat sy onwillekeurig onder sy soene meegee. Sy stoot hom liggies weg. "Gedra jou," fluister sy blosend en lag vir die spontaniteit waarmee hy haar met soene oorval het. Hy geniet elke oomblik van haar verleentheid en gee die verkoopsdame wat hulle prettig aangekyk het die finale goedkeuring om die items se bedrae bymekaar te tel. Hy laat Lonika op een van die rusbanke sit en volg die dame na die verkoopstoonbank toe. Hy skryf 'n tjek vir die totale bedrag uit en besluit op 'n datum vir die items om afgelewer te word. "Kom ons gaan eet," nooi hy Lonika terwyl hy haar van die bank af optrek. "Jy was hopeloos te ernstig vandag," kla hy.

Wilhelm wag totdat die kelner met hulle bestelling klaar is, voordat hy Lonika se hand in syne neem en ernstig in haar oë kyk. "Jy besef daar is 'n paar veranderinge wat in jou lewe gaan plaasvind," sê hy vertroulik terwyl sy bruin oë oor Lonika se gesig streel. Lonika kyk opsommend na hom, onseker met wat hy bedoel. "Ek wil nie hê my vrou moet werk nie." Hy huiwer 'n oomblik voordat hy voortgaan met die gesprek. "Ek het jou nodig van tyd tot tyd in my besigheid." Hy betrag Lonika se somber gelaat. "Sien jy kans om jou werk te bedank?" Lonika kyk lank na hom en weeg sy versoek sorgvuldig op. Wilhelm merk haar onsekerheid en besluit om die volheid van die gesprek deur te voer terwyl hy haar oë noukeurig bestudeer. "Sodra jy jou woonstel opgegee het moet ons die goedjies wat jy nodig het oortrek huis toe." Hy aarsel sodat sy die konsep van sy woorde kan verstaan. "Dan moet ons kopers kry vir die oorblywende meubels," voeg hy versigtig by. Wilhelm is verlig as die kelner hulle bestelling op die tafel plaas en Lonika die eetgerei opsy skuif om plek te maak vir die borde. Sy kyk stil op na Wilhelm met die besef dat haar lewe alreeds verander het. Wilhelm glimlag bemoedigend en tevrede dat hy die gesprek met haar kon deurvoer. Hy gee haar hand 'n drukkie. "Kom ons eet." Hy besef Lonika het tyd nodig om oor sy voorstelle na te dink en vertrou dat dit spoedig sal wees. Wilhelm betaal die rekening nadat hulle klaar geëet het. Hy neem haar hand teer in syne en stap kalm motor toe.

Lonika bewonder die manier waarop Wilhelm elke oomblik van sy besluite bestuur en die wyse wat hy beheer daarop uitoefen. Sy geniet die krag wat hy uitstraal gedurende sy besluitnemings en dat hy moontlikhede teenoor mekaar opweeg. Op grond van sake is hy al agt jaar haar senior. Die wete laat haar beskut voel.

Hulle ry rustig na Lonika se woonstel toe. Wilhelm sluit die woonsteldeur oop en hulle stap die kuisheid van haar wooneenheid binne. Die herfswind het die winteraande nader geroep en die bome van hulle oorblywende blare gestroop. Wilhelm ril as die koue sy vingers oor sy rugraat trek en stap kombuis toe om solank warm melk op te kook. Lonika sit haar handsak op die bed neer en skuif agter Wilhelm in terwyl sy haar hande om sy middel plaas en haar kop teen die bokant van sy rug rus. Hy vryf vertroetelend oor haar arms terwyl hy vir die warm melk wag om te kook. Hy strek na regs om die bekers van die rak af te haal. "Mag ek my klavier saamneem?" vra sy sag. "Natuurlik mag jy," lag hy saggies. "Ek sal al die inhoud van die woonstel vir mamma gee," sê sy terwyl haar woorde van agter sy rug teen sy ore vasslaan, wetend dat haar ouers dit nie breed het nie en dat hulle ook Aliske in haar swangerskap versorg. Hy draai vaderlik om en trek haar dieper in sy arms in. Hy vou sy baadjie beskermend om haar. Sy ruik sy liggaam en sluit haar oë. Vir 'n wyle laat hy haar begaan. "Kom my lief, ons warm sjokolade is reg." Hy vryf nog 'n keer oor haar bo-arms voordat hy haar uit sy omhelsing laat. Hulle stap woonkamer toe waar hy gemaklik op die rusbank terugsak. Lonika gee altwee die glasgevulde sjokolade drankies aan hom terwyl sy teen sy binnelyf opkrul. Sy trek die opgerolde voetekombers oor haar bene en neem haar drankie by Wilhelm. Hulle luister aandagtig na die musiek wat die vertrek vul. Lonika het berusting gevind in haar gemoed. Wilhelm streel saggies oor haar hare en trek sy asem stadig in as hy die reuk van haar parfuum gevange neem in sy geheue. "Jy moet my sê waarmee ek met die troureëlings moet help," bied hy aan. "Ek verkies eenvoud," stel sy hom gerus. "Jy kan só met die minste tevrede wees," bewonder hy haar temperament en ontspan met die wete dat sy werklik bereid is om haar eie geskape wêreld prys te gee vir dié van syne. Wilhelm bring die nag by Lonika deur en bespreek hulle troureëlings sorgvuldig terwyl hy deur hulle begroting werk.

ELF

"Jy sal moet stadig oor die klippe," bemaan Lonika Stephan waarskuwend as hy die Nissan Leopard se pedaal dieper intrap. "Skoonsus, ek kry nie altyd die geleentheid om *Silver Devil* vir 'n spin te vat nie," lag Stephan goederwys. "Ons moet darem ook nie té vroeg by die kerk aankom nie," sê Lonika senuweeagtig waar sy op die agterste sitplek sit terwyl Stephan haar kerk toe neem. Die silwer lint flapper op die voorkant van die voertuig. Stephan voel uitspattig trots dat hy die middelpunt van aandag is en besluit om 'n ekstra draai om die blok, in die hoofstraat, te ry. Lonika lag opgewek en geniet die 'seunsagtigheid' wat hy met tye na vore bring. Sy tydsberekening is perfek toe hy vyf minute later voor die ingang van die kerkgebou stilhou. Lonika se vader stap nader en help haar uit die voertuig. Hy kyk lank na haar en sy merk die weekheid in sy gemoed. "Pappa, ons moet ingaan," sê sy vinnig voordat die trane ook haar ooglede bereik. Sy haak by sy linkerarm in. Hulle stap die trappies op na die groot, swaar, bruin deure van die kerkgebou. Stephan draf vooruit sodat hy die orrelis met 'n knik van die kop in kennis kan stel dat die bruid gereed is. Lonika sluk 'n droë 'senuweeagtigheid' agter in haar keel weg, en wag dat die seremonie begin.

Die troumars simfoneer deur die Gereformeerde kerk van Randfontein as die pyporrel homofonies met konstante blaasbewegings in die binnestemme van die buise, die kerkgebou fluweelagtig, klankryk opvul. Lonika stap statig aan die hand van haar vader die kerkgebou binne. Haar rok is gebrei met dunwit, silweragtige garing. Op die fyn diamantontwerpe pryk klein, skitterende edelsteentjies. Haar sleep is lank en vou ovaalvormig, as dit oopgesprei word. Haar postuur vertoon fyn vroulik. Haar sluier is lank en driedubbeld, met 'n silwer kroon wat die hooftooisel bymekaar bring. Sy het 'n eenvoudige kelkvormige bruidsorgidee waarvan die witblom uit aanvullende lae silwerlint gedrapeer is. Lanie, Wilhelm se dogter loop agter die sleep en is geklee in dieselfde breimotief-ontwerp as Lonika. Haar opgeruimde kinderlike persoonlikheid is aansteeklik. Lonika ontmoet Wilhelm se oë waar hy en sy seun hulle in die middel van die gang inwag. Sy glimlag vriendelik vir Johan as hy haar bewonderend aankyk. Sy kinderoë glinster van opgewondenheid. Lonika se hart verteer met die wete dat sy Wilhelm se kinders alreeds in haar hart vertroetel. Die viertal stap saam tot voor die kansel. Lonika se suster, Ansie, laat die laaste note van die troumars wegsterf as sy die volumeknop van die pype stadig toestoot.

Dominee Steyn lees 'n gepaste stuk voor uit die Bybel en lei die gaste deur gebed. Hy spreek die bruidspaar direk aan terwyl sy preek voortvloeiend handel oor die diensbaarheid tussen man en vrou en die vertrouenswaardigheid waarmee hulle mekaar moet dien. Hy stap van die kansel af en neem die paartjie se hande in syne. Hy lei Wilhelm deur die trouformulier en daarna vir Lonika. Dan plaas hy man en vrou se hande in mekaar. "Gee mekaar die regterhand," sê hy sentimenteel en laat toe dat Johan die silwer kussinkie met ringe vir Wilhelm gee. Hy giggel opgewonde vir sy pa. Die gaste geniet sy kinderlike gebaar en lag onderlangs. Wilhelm haal die ringe van die kussinkie af. Die bruidspaar skuif die ringe aan mekaar se vingers terwyl hulle oë van innerlike vreugde juig. Dominee Steyn bid 'n seën op hulle huwelik af en knik onderlangs na die orreliste. Sagte pypklanke luier oor die vertrek terwyl Ansie die inleiding van *Ave Maria* deur die komponis Judy Wayne speel. *"You by my side, that's how I see us, I close my eyes and I can see us, we're on our way to say I do, my secret dreams have all come true. I see us now your hand in my hand, this is the hour this is the moment, and I can hear sweet voices singing, Ave Maria,"* klank Lonika se sopraan stem terwyl sy Wilhelm toesing. Wilhelm luister aandagtig en glimlag trots as hy haar hande stywer in syne druk. Hy soen haar liggies.

Dominee Steyn handel die daaropvolgende formaliteite af en lei die paartjie na die tafel waarop die trouregister lê. Beide ouers word genooi om te teken. Die fotograaf beweeg flink en neem verskeie foto's in die kerk. Die gaste stap opgewek na buite. Daar heers 'n feestelike atmosfeer onder hulle. "Is jy reg vir die gaste, Mevrou Schmidt?" vra Wilhelm trots as hulle die gang afstap na buite. Lonika kyk op na hom en lag opgewek. Konfetti word oor die bruidspaar gestrooi sodra hulle uit die kerkgebou stap. Die gaste lag onder mekaar en dryf die spot met Wilhelm wat onwillig instem dat Stephan hulle huistoe neem waar die onthaal plaasvind. "'n Bruidegom bestuur tog nie sy eie bruidskar nie," terg sy neefs hom en Wilhelm geniet die oomblik daarvan. Die winteratmosfeer ontwaak in 'n gesellige samekoms waarby beide Wilhelm en Lonika die geleentheid ten volle geniet. Stephan het die kans opnuut benut om sy spitbraaivernuf op die proef te stel en het verskeie disse kunstig op die tafels gerangskik. Die geleentheid was ook ideaal om die onthaallokaal wat in die vierdubbele motorhuis gehou is, op te kikker. "Hoeveel moeite is nie hier ingesit nie?" dink Lonika verras as sy besef dat sy nie regtig 'n aandeel gehad het aan die onthaalreëlings nie. Innige dankbaarheid vul haar gemoed teenoor Stephan wat weereens sonder versuim die taak op hom geneem het.

"Jy is 'n uithaler kok," komplimenteer Aliske Stephan en plaas 'n glasie wyn in sy hand." "Ek kry nie altyd die geleentheid om iets nuuts te probeer nie," lag hy. "Het jy al 'n stukkie spekrol probeer? Dis opgevul met sampioene, aartappelstukkies, tonne kaas, repies ham en 'n dik mengelmoes roomsous," beveel hy aan en neem 'n leë bordjie om vir haar daarvan op te skep. "Mengelmoes roomsous?" vra sy nuuskierig. "Ja, ek kan nie meer onthou wat ek alles daarin gesit het nie," erken hy laggend. Hy voeg 'n stokkieworsrolletjie by wat met 'n dunstrepie gebakte deeg omgerol is. "Dis mos hoekom die ding stokkieworsrolletjie genoem word," dink hy en mik om 'n tweede een op Aliske se bord te plaas. Aliske lag en steek haar hande in die lug. "Whoa, dis genoeg!" Stephan kyk verras op na haar. "Dis belangrik dat jy eet," brom Stephan verleë. "Dankie, ek wag vir die hoofmaal, met groente en lamsbraai," lag sy opgewek en neem die bordjie met eetgoed by hom. "Moenie jouself afskeep nie," waarsku sy streng voordat sy omdraai om by die gaste aan haar tafel, aan te sluit. Stephan hou haar stil dop terwyl sy haar eetgoed geniet en met die familie gesels. Hy vul sy eie bordjie met gebakte aartappel en soetmielies en sit in die verbygaan nog 'n stukkie southappie by. Hy gaan sit langs Aliske by haar tafel. "Ek is Stephan, Wilhelm se broer," stel hy homself voor en skud blad met Aliske se vader en groet haar moeder met 'n breë glimlag. Hy groet die res van die familie en is verbaas dat Lonika 'n minderheid van gaste genooi het. "In werklikheid is dit net een tafel," dink hy geamuseerd. Wilhelm en Lonika beweeg opgewek tussen die gaste. Lonika word aan Wilhelm se familie voorgestel wat sy nog nie ontmoet het nie en knoop 'welkomende' gesprekke met hulle aan. Wilhelm se kinders raak gou betrokke by hulle niggies en nefies en speel met 'n bal op die grasperk. Lonika neem later 'n truitjie vir Johan as sy merk dat dit alreeds laatmiddag is. Die gaste kuier gesellig tot laat.

Elke oomblik van die dag is vir Lonika kosbaar as sy gemeenskaplike vriende raakloop. Petro beweeg onder die gaste en sit 'n handjie by waar sy dink haar dienste nodig mag wees. "Hoe voel dit om ryk te wees?" vra sy uit die bloute vir Lonika. Lonika merk dat sy die gebruikte glase kombuis toe neem om opgewas te word. Sy lag verbaas en antwoord onthuts: "Ek's nie ryk nie!" Sy kyk haar vriendin onseker aan. "Mensig maar Stephan weet hoe om 'n mens se bellie op te vul," lag Veron spontaan. Sy sluit by Lonika en Petro aan. "Hy kén beslis die kuns," stem Lonika inniglik saam, verlig dat Veron se teenwoordigheid haar ongemak verskans. Lonika stel die twee dames aan mekaar voor en merk dat haar ouers gereed maak om te vertrek. Sy bied verskoning aan sodat sy haar ouers kan gaan groet. Sy haak by Wilhelm in wat alreeds by haar ouers aangesluit het. Die gaste vertrek een na die ander. Lonika help vir Stephan om oorblywende kos in wegneempakkies te skep vir die gaste om saam te neem. Petro en Veron ruim die kombuis op. Lonika glimlag stil as sy hoor hoe gemaklik Veron kan lag. "Sy is 'n unieke persoon," dink Lonika terwyl sy kamer toe stap. Sy haal die geskenkpakkies uit die kas uit wat sy vir Petro en Veron gekoop het as dankbetuiging vir hulle vriendskap.

Die res van die aand spoed vinnig verby. Wilhelm en Stephan pak die tafels en stoele op mekaar sodat die voertuie in die motorhuis ingetrek kan word. Die pasgetroude paartjie het besluit om later in die jaar hulle wittebrood-vakansie te neem. Johan het op die rusbank in die woonkamer aan die slaap geraak. Lonika merk dat sy voetjies van die bank afhang. "Die kind moes doodmoeg gewees het," dink sy teer. Sy stap na Wilhelm toe en vra hom om Johan bed toe te dra. Hy glimlag en vergesel haar. Johan kreun as sy pa hom optel. "Toemaar grootman, Pappa vat jou bed toe," stel hy Johan gerus en laat toe dat sy kop slaperig op sy skouer rus. Lonika loop vooruit sodat sy die beddegoed kan ooptrek. Sy glimlag moederlik. Sy merk die ooreenstemmende gelaatstrekke van pa-en-seun. Dit laat 'n warm aangename gevoel op haar gelaat. "Dit voel tuis," dink sy sagmoedig. Lanie het ook by hulle aangesluit en fluister vir Lonika. "Kan ek ook maar my nagklere aantrek?" vra sy kinderlik. Lonika knik en vryf oor haar hare. "Ons sal nou kom nagsê," fluister sy terug. Wilhelm lê Johan gemaklik in sy bed neer en trek die wolkombers tot by sy nek. Hy soen hom liggies op die voorkop, glimlag vir Lonika en stap saam met haar by die kamer uit terwyl hy die lig afskakel. "Lanie wag dat ons gaan nagsê," lig sy Wilhelm in. Hy knik instemmend. Hulle stap na Lanie se kamer toe waar sy alreeds in haar bed op hulle wag. Lonika sien dat dit nie lank gaan neem voordat sy in droomland is nie. "Moeg?" vra Lonika. "Ja, baie," antwoord sy en gaap liggies terwyl sy haar hand voor haar mond hou. Sy sit haar arms om Wilhelm se nek. "Dankie dat Pappa ons gister kom haal het vir die naweek," fluister sy. Wilhelm glimlag tevrede en soen haar op die wang. "Kan tannie Lonika môre saamry as Pappa ons terugvat huis toe?" vra sy ernstig en steek haar arms onder die komberse in. Wilhelm vryf teer, liefdevol oor haar voorkop. "Natuurlik poppie." Lanie glimlag tevrede. "Nag, Pappa." "Nag Laniekind."

sê Wilhelm sag, gevul met deernis. Hy skuif eenkant sodat Lonika ook 'n geleentheid kan kry om nag te sê. "Dankie dat jy en Seun vandag bereid was om saam met ons die groot stap te neem," bedank Lonika haar en soen haar saggies op haar wang. Lanie lag ingenome, sit skielik penregop, druk Lonika vir 'n oomblik styf teen haar vas en val dan spontaan terug teen haar kussings. "Tannie Lonika, wag tot ek slaap voordat Tannie die lig kom afsit," beveel sy vaak-lomerig. Lonika skud haar kop verstaanbaar en stap opgewek saam met Wilhelm woonkamer toe. Stephan en Veron is die enigste oorblywende gaste. "Kom vroumens, bedtyd. Ek ry agter jou aan sodat my gewete my nie opkeil as jy dalk 'n botsing veroorsaak nie," gaap-terg hy Veron en druk haar motorsleutels in haar hand.

Wilhelm en Lonika is self buitengewoon moeg en sien toe dat Stephan en Veron veilig vertrek. Wilhelm maak die hek toe en sit sy arm lieftallig om Lonika se middel. "Daar was nie veel kuiertyd met jou ma nie," kla Lonika as hulle terugstap huis toe. "Sy het vroeg vanmiddag vertrek," bevestig Wilhelm. Lonika het die gevoel gekry dat die statige ou dame nie van haar hou nie. "Ek sal nog haar hart wen," dink Lonika stil. "Ons moet dalk môre net gaan groet voordat ons die kinders terugneem huis toe," spreek Lonika die hoop uit om 'n geleentheid te skep om haar skoonma beter te leer ken. "Dit sal nie nodig wees nie," sê Wilhelm afsydig. Lonika staar fronsend na Wilhelm. "Sy dink jy kom uit 'n swak familie," verduidelik Wilhelm aarselend en trek die verslae Lonika voor hom in. Hy kyk af na haar en trek haar liggaam beskermend tot teen sy bors. "Gee kans, sy sal met tyd verander," troos hy terwyl hy die woorde digby haar slape spreek. Hy voel haar kwesbaarheid aan. "Dis beter dat sy dit weet as wat sy haarself onnodig blootstel," dink hy en wens hy kon die oomblik vermy het. Hy wieg suutjies staande met haar heen en weer en laat toe dat die dag sy eie klaagliedere skryf. "Kom, die naglug is koud," sê hy kamtig kwaai. Hulle stap die huis binne. Wilhelm sluit die deure terwyl Lonika die gordyne toe trek. Hulle stap saam na hulle slaapkamer toe.

Hy neem haar onverwags in sy arms en skuif met haar voetjie-vir-voetjie dieper die kamer binne, draai haar in sy arms om en trek haar ritssluiter stadig af terwyl sy soene haar ontblote skouers en nek begroet.

"My lief, ek het vir ons kaartjies gekoop vir Joe Dolan se vertoning vanaand," klink Wilhelm se stem opgewek as hy Lonika skakel. "Wonderlik!" roep Lonika opgewonde uit. 'Ek het Stephan en Veron saam genooi," voeg hy by om seker te maak dat dit Lonika wel geval. "Dit sal lekker wees om haar weer te sien," lag Lonika opgeruimd met die gedagte dat hulle dae so besig geraak het sedert hulle huwelik. Wilhelm groet blymoedig en lui af.

Lonika hou daarvan om haar uitrusting te kies wat Wilhelm sin komplimenteer. Daarom besluit sy op 'n deftige swart langbroekpak met 'n bypassende warm jas wat sy later die aand kan uittrek indien dit nodig is. Veron gesels opgewek in die motor oppad vertoning toe en skep 'n gees van weldoening. Lonika is ontspanne en neem vryelik deel aan Veron se gesprek.

Wilhelm parkeer die motor naby die ingang, handig die kaartjies by ontvangs in en lei die viertal na die tafel wat vir hulle aangewys word. Hulle gesels opgewek as Stephan hulle likeur glasies half met 'Old Brown Sjerrie' skink. Wilhelm plaas sy hand op Lonika se been. Lonika skuif haar hand liggies onder syne in. Stephan kyk waarnemend rond na die tafel, skuif sy eetgerei reg en neem die kort beskrywende spyskaart wat op die tafel aangebring is. "Dans en eet. Kerriebredie gevul met.....￿ brom hy vermakerig krities en trek sy lip op 'n krul. Die drietal staar bepeinsend na hom. "Wonder wat het hom omgekrap," dink Lonika. "Jou strikdas sit skeef!" raas Veron tot almal se verligting en woel ongenooid aan Stephan se kraag terwyl sy 'waarskuwend' in sy oë gluur. "Wat?" brom-vrae hy onderlangs en betrag haar moederlike houding as sy 'n bruinstreep van sy wang afvee. "Ek dans nie met 'n vuil, knorrige knapie nie!" sê sy gemaak kwaai. Haar gebaar het 'n positiewe uitwerking op Stephan en 'n tergkuiltjie vorm in die hoek van sy mond. "So asof jy kan dans," grom hy ligtelik en byt spelerig na haar vinger. Wilhelm en Lonika kyk spottend na die paartjie en lag saggies betekenisvol. Die agtergrondmusiek speel sag en skep 'n gesellige atmosfeer wat in die saal heers.

"Kom ons gaan skep solank vir ons vleisbredie en rys in terwyl ons vir die heer wag om sy verskyning te maak," doen Wilhelm aan die hand en stoot sy stoel opsy. Lonika se oë dwaal oor die gaste as hulle na die etenstafels toe stap. 'n Glimlag van tevredenheid versprei oor haar gelaat as 'n gevoel van opwinding haar gemoed vul. Sy stap statig agter Wilhelm aan. Hy laat haar voor hom inskuif sodra hulle die tafels bereik. Hulle skep op. "Sal jy self regkom," vra sy besorgd en handig 'n leë bord aan hom "'n Honger man laat nie op hom wag nie," skerts hy en voeg die daad by die woord. Hy vul sy bord gerieflik op met 'n meerderheid van die vleisbredie. Stephan volg sy broer se voorbeeld. Die vrouens stap vooruit na hulle tafel toe en gesels opgewek oor die aand wat voorlê. Stephan sien toe dat daar genoegsame drinkgoed op die tafel is.

Die Ierse verhoogkunstenaar en popsanger verskyn op die verhoog terwyl hy *"Good looking Women"* sing. Lonika geniet sy innoverende styl en die wyse waarop hy deur die hoë vokale vloei. Hy is bekend in Ierland vir sy verbintenis met vertoonorkeste en het 'n groot aantal internasionale aanhangers. Joe Dolan is sy verhoogsnaam. Op sy geboortesertifaat is Joseph Francis Robert aangeteken, alhoewel hy soms deur sy vriende aangespreek word as 'Boots'. Joe Dolan was onderskeidelik agt jaar toe sy vader gesterf het en vyftien met sy moeder se afsterwe. Hy het na sy jonger broer Ben omgesien.

Wilhelm stuur Lonika na die dansvloer as Joe Dolan oorskakel na sy reeks bekende popdebute. Lonika beweeg gemaklik in Wilhelm se arms en gly spontaan saam met hom oor die dansvloer. Stephan en Veron maak 'n vinnige draai langs hulle en spaander dan weer na die verste hoek waar Stephan 'n genoegsame oppervlakte vind om Veron in die rondte te tol. Veron lag oopmond en maak 'n ekstra kinkel sodat Stephan sy balans vir 'n oomblik kwytraak en Veron weer stu in sy arms intrek om gemaklik voort te snel tussen die res van die dansgaste. Wilhelm lag hard vir Stephan se opmerklike verleentheid en die wyse waarop hy dit verskans het. "Daardie vroutjie hou my broer op sy tone," spot-lag Wilhelm en draai Lonika vir die plesier daarvan in 'n ekstra rondetol voordat hy haar onverwags teen hom vasdruk en ritmies swaai terwyl hy liefdevol op haar afkyk. Woorde is oorbodig as Lonika in sy teenwoordigheid insmelt. Die musiek eindig.

Die gaste word versoek om op die dansvloer te bly staan. Die gasvrou handig 'n houer met kaartjies aan Joe Dolan. Hy trek 'n gekose nommer uit die stapel wat hy in afwagting van die gaste, met vermakerige tussenposes aankondig. "Dis ons nommer," sê Wilhelm as Joe Dolan die laaste nommer uitroep en trek Lonika saggies agter hom aan verhoog toe. Joe Dolan wens die paartjie geluk en handig 'n groot oorgetrekte boks aan Wilhelm. Hy soen Lonika op die wang en skud Wilhelm se hand. Die gaste klap hande. Wilhelm laat Lonika vooruit tafel toe stap terwyl hy die geskenk dra. Die gaste wens hulle beurtelings geluk as hulle verby stap. Die viertal wissel tussen gesels en dans. Besluit dan oplaas om in die vroeë oggendure huis toe te gaan.

Die nagstêr het sy skynsel oor die aarde gesprei en vertroetel die glinster daarvan as die maan spelerig sy straal tussen die wolke verskans.

TWAALF

Lonika voel olik en besluit om 'n entjie te gaan stap. Sy kan nie haar ongesteldheid verklaar nie. Sy voel rusteloos. Sy kry koers na waar die ryperd staan en wei. Die hings kom nader gestap as hy haar by die knopiesdraad opmerk. Sy lag saggies en wag dat die silwer-wit perd sy nek lieftallig oor die heining uitrek om gestreel te word. Sy gesels opgewek as haar vingers oor sy maanhare en nek gly. Sy kyk of hy genoegsame drinkwater het en maak die kraan oop om nog meer water te laat inloop. Die gras is dood en vertoon vaal. Sy voel tevrede as sy drie bale voer by sy stal opmerk. "Word jy ooit gery ou maat?" gesels sy en kyk of sy hoewe versorg is. Die hings is in 'n uitmuntende kondisie. Sy wonder waarom Wilhelm nie vir hom 'n gesigskerm opsit teen die vlieë en winterwinde nie en onderneem om later in die stoor te gaan krap vir een. Sy vertoef nog 'n rukkie voordat sy en die ligbruin boerboel verder oor die kleinhoewe stap. Sy besluit om die res van die kleinhoewe te verken.

Sy stap om die verste buitegeboue na die agterkant, waar die grenslyn tussen hulle en die bure gespan is. Sy gewaar 'n uitgestrekte oop stuk grond waarop daar omgeploegde vore lê. Die oppervlakte daarvan is bedek met rommel en uitgedroogde kleinbos. Sy buig haar hand oor haar oë as skerm teen die son, opsoek na die lyndraad. "Ek wonder watter soort gewasse hier geplant was," dink sy. Sy stap verder en trap stowwerige, voetdiep spore oor die droë grond. Sy lig haar bene hoër op sodat die droë takke en loslêende rommel nie in haar skoene insteek nie. "Ek moes tekkies aangetrek het," dink sy verergd.

Die boerboel geniet die uitstappie en hardloop 'n entjie vooruit, draai dan om, om Lonika met uithang moegtong in te wag. Sy is verbaas as sy besef hoe groot die stuk grond is. "Hoeveel akkers lê hier onbenut?" vra sy verwonderd en kyk verder teen die lyndraad op. "Waarom bewerk Wilhelm dit nie?" vra sy fronsend, kopskuddend. Sy staan vir 'n oomblik stil om asem te skep. Die boerboel kyk haar oop skuimbek aan. Die grensdraad is verwaarloos en lê skuins tussen die pale. "Die stukkie aarde kort 'n bietjie aandag," sê sy en neem haar voor om dit later die aand met Wilhelm te bespreek. Sy rus 'n oomblik langer teen 'n stewige paal sodat sy van die duiseligheid kan ontslae raak en stap dan stadig terug huis toe. Die boerboel se tong hang ver by sy bek uit. Hy loop traag agter haar aan. Sy lag saggies as sy besef dat hulle altwee onfiks is en onderneem om meermale uit te gaan vir 'n stappie.

Die wintermaand is koud. Sy ril as sy die huis uitasem binnestap. Sy gaan trek 'n warm oorhang trui aan en gooi vars water in die boerboel se drinkbak. Sy streel oor sy gladde en loshangende, dik pels. Sy hele lyf is bedek met kort, digte hare. Sy verwonder haar aan sy prominente en goed ontwikkelde spierstelsel, en die veerkragtige bewegings waarteen hy veronderstel is om te beweeg. "Jy laat my veilig voel, ou grote," fluister sy saggies en klap hom vertroetelend op die kant van sy blad. Sy stap die kombuis binne en plaas 'n snytjie brood in die rooster, maar besluit daarteen as 'n naarheid in haar keel opstoot. Sy vervang dit met swart suurlemoen tee. "Daar is só baie wat ek wil doen om die huis 'n skeppende, warm gevoel te gee," dink Lonika en is geïrriteerd omdat haar liggaam vandag willoos voel. Sy dwaal deur die kamers en besluit om 'n rukkie op die rusbank te gaan lê. Sy staar oop oë na die hoekie waar sy haar klavier wil laat staan en wonder wanneer Wilhelm sal kan reël dat dit gehaal word. Sy sug saggies en krul warm teen die kussings op. Sy gooi die oorblywende pofkussing oor haar bene om dit teen die koue te beskerm. Haar oë voel swaar en branderig. Sy maak dit toe . 'n Moegheid oorweldig haar sodat sy in 'n rustige diep slaap verval.

"My lief is jy ok?" vra Wilhelm dringend as hy op sy hurke langs die rusbank kniel. "Hmmm," kreun sy en maak haar oë stadig, lomerig oop. "Ek's net onverklaarbaar moeg," kla sy. Hy kyk besorgd na haar. "Ek was bekommerd toe jy nie die foon beantwoord nie," sê hy sag. "Ek het hom glad nie gehoor nie," verdedig Lonika verskonend. "Jy lyk bleek," bevestig Wilhelm en staan van sy hurke af op. "Kom ek gaan sit jou in die bed." Hy stoot die los kussing opsy wat Lonika oor haar bene gegooi het en help haar om van die bank af op te staan. Hy stap agter haar aan terwyl hy sy hand op haar rug stut slaapkamer toe. Hy trek die deken van die bed af, vou dit op en sit dit netjies op die stoel neer. Hy trek Lonika se skoene uit en laat haar gemaklik op haar sy lê terwyl hy 'n wolkombers oor haar liggaam trek. Hy tel die telefoongehoorstuk op en skakel Stephan by die motorhawe. "Ek vat die middag af. Sluit sodra jy alles afgehandel het en bring die sleutels huis toe," beveel hy in 'n ferm stem. Lonika luister na die kragtige manier waarop hy met Stephan praat. Sy sak haar kop dieper in die kussing in, rustig in die wete dat Wilhelm tuis is. Wilhelm trek sy skoene uit en skuif agter haar in. "Hoe laat verwag jy Stephan?" vra sy lomerig. "Tussen vyf en ses," antwoord hy van agter haar rug en skuif sy arm om haar middel. "Rus nou my lief," beveel hy streng. "As jy nie môre beter voel nie, moet jy asseblief 'n afspraak by Dok Gert maak," voeg hy besorgd by. Lonika knik bevestigend. Sy luister na Wilhelm se asemhaling wat stelselmatig verdiep en sluimer rustig in.

Lonika word na 'n rukkie wakker en skuif saggies onder die kombers uit om in die kombuis te gaan water drink. Sy onthou die reëling wat Wilhelm met Stephan gemaak het en skryf vinnig 'n nota; "Ons is siek in die bed. Los die sleutels op die toonbank en kom groet. L." Sy glimlag tevrede en kruip weer saggies in Wilhelm se arms in. "Waar was jy?" vra hy lomerig. "In die kombuis," antwoord Lonika. "Hoe voel jy nou?" wil hy belangstellend weet. "Vandat jy by die huis is, stukke beter," terg sy laggend. "Jou rakker," lag Wilhelm liefkosend en soen haar speels in haar nek.

"Watse nota is dit dié?" vra Stephan skielik in hulle slaapkamerdeur. "Julle is siek in die bed, maar dit klink meer vir my na 'n vryery," brom Stephan ongelukkig en stap verder die kamer in. Wilhelm kyk verras, laggend op. "Gee dat ek sien," sê hy nuuskierig en skuif gemaklik teen die kopstuk op. Stephan oorhandig die nota nors aan Wilhelm. Wilhelm lees dit hard en lag opgewek vir Lonika se ligsinnigheid. Stephan staan by die bed se voet-en-ent en gluur Wilhelm ongemaklik aan. Dan draai hy om en trek die spieëlkasstoeltjie nader. "Ook maar goed so," grom Stephan en gaan sit gerieflik op die stoeltjie. "Ek wil met julle 'n gewigtige saak bespreek," sê hy ongewoon ernstig en bedruk. Sy gesig is strak en dit is duidelik dat hy een of ander belangrike kwelling op sy hart dra. Wilhelm druk 'n kussing agter sy rug in en kyk belangstellend na Stephan. Lonika skuif gemaklik teen Wilhelm se borskas op. "Ek wonder waaroor Stephan so ernstig kan wees. Miskien is dit die rede waarom hy deesdae so knorrig is," dink sy bekommerd. Wilhelm trek sy wenkbroue vraend in afwagting bymekaar. "Wat is dit, Boetman?" vra hy sag, eg vaderlik. Stephan maak sy keel dramaties, tydsaam skoon. Hy kyk Wilhelm hulpsoekend aan. "Ouboet, sake staan so..," dan haal hy diep, lankmoedig asem en vroetel vir 'n sigaret in sy bo-sak. Lonika merk Wilhelm se ongeduld en druk sag, waarskuwend met haar elmboog in sy ribbes. Wilhelm verskuif sy liggaam hoër op teen die kopstuk terwyl Lonika Stephan belangstellend betrag. "Ek het my hart verloor," gaan Stephan voort met sy openbaring terwyl hy 'n diep teug aan sy sigaret vat. Lonika glimlag bemoedigend en wag angstig dat Stephan sy sin voltooi. Wilhelm lag skielik hard, ingenome langs haar terwyl hy betekenisvol op sy bobeen klap, wat hy uit pure genot, triomfantlik opgetrek het. "Ek het jou gesê Veron is nét die vrou vir jou!" roep hy opgewek uit en gooi sy hande vermakerig die lug in. "Op Aliske...,"eindig Stephan sy belydenis droog, terwyl hy die rook langsamerhand deur sy neusgate blaas. Wilhelm sluk sy kortstondige lag en kyk Stephan onverstaanbaar aan, nie seker of hy reg gehoor het nie. Stephan staan statig van sy stoel af op. "Nag Ouboet, Skoonsus" groet hy saaklik en buig sy bolyf komies vorentoe terwyl hy sy kop gedwee in hulle rigting knik.

'n Onheilspellende stilte volg voordat Wilhelm hom streng tot halt roep. "Wag Stephan, kom sit!" beveel hy kwaai. Stephan draai gehoorsaam om en stap rustig terug na die stoeltjie toe. Hy sit en kyk sy broer kalm aan. "Aliske?" vra Wilhelm sag, bedaard. "Ja, Aliske," bevestig Stephan ewe sag, ongesteurd. Lonika is nie seker of sý die volheid van die gesprek verstaan nie. "Jy bedoel Aliske, my sussie?" vra Lonika onseker. "Einste," bevestig Stephan droog, verveeld. "Maar sy is *pregnant,*" sê Wilhelm onverstaanbaar en skud sy kop ongeloofwaardig terwyl hy Stephan opsommend bekyk. "Ja, sy is *pregnant,*" bevestig Stephan ernstig, gevaarlik sag. Lonika kyk vlugtig na Wilhelm en Stephan "Wag, moet nie my sussie se swangerskap hierby inbring nie," keer Lonika opstandig met haar hand in die lug en vervolg sagter teenoor Stephan. "Is jy seker? Voel sy dieselfde?" vra sy simpatiek. "Ek's seker, en ek glo nie sy voel dieselfde nie. Inteendeel sy het niks laat blyk nie," betreur hy sy lot. Wilhelm blaas sy asem merkbaar verlig uit: "Nee Boetman, dit klink na 'n fout," sê hy betekenisvol "en sy ís ons finansieringskonsultant." Daarmee beëindig Wilhelm die gesprek. Stephan staar teen die mat vas as hy nog 'n sigaret uit sy bo-sak haal. Lonika besef dat die saak niks goeds voorspel nie en onderneem om Aliske môre na werk by hul ouerhuis te ontmoet. Sy laat die mans in stilte agter, as sy kombuis toe stap om koffiebekers reg te sit. Sy trek haar vingers ingedagte deur haar loshangende hare en gooi 'n ekstra teelepel Jacobs-koffie in die bekers. Die mans kom die vertrek binne en skuif die stoele by die toonbank uit sodat hulle daarop kan sit. Lonika skink die koffie in die bekers en plaas dit voor hulle neer. Stephan lyk stil en bek-af. Wilhelm staar omgemoer na die beker koffie voor hom. Lonika staan hand in haar sy en drink haar koffie swygend. "Môre sal ek uitklaring kry," dink sy stil.

Lonika het min geslaap. Sy weet Wilhelm het ook 'n slapelose nag gehad. Hy groet Lonika strak en stap by die agterdeur uit motor toe. Lonika neem haar warm beker oggendkoffie en gaan staan by die eetkamervenster waar sy Wilhelm kan sien. Die tuinier maak die garagedeur en hek oop. Wilhelm skakel die enjin aan, stoot die Nissan Leopard uit die motorhuis en vertrek teen 'n hoë spoed werk toe. Die tuinier maak die hek toe en skuif die garagedeur weer op knip. Sy is bekommerd oor die gebeurtenisse van gister en stap studeerkamer toe. Sy maak drie belangrike oproepe. Eerstens, skakel sy Meneer Conradie en reël dat haar klavier afgelewer word by die huis. Dan skakel sy Aliske en bevestig dat sy haar na werk by hulle ouerhuis ontmoet. Laastens, skakel sy Dokter Gert Snyman se spreekkamer en maak 'n afspraak. Sy is tevrede met haar reëlings en neem 'n warm bad voordat sy aantrek om die nodige kosvoorraad te koop wat op haar inkopielys aangeteken is. Wilhelm het 'n kredietkaart in haar naam oopgemaak en fondse daarin gedeponeer waarmee sy die huishouding moet aanvul. Meneer Conradie skakel terug en bevestig dat die drywer met bykomende hulp, haar klavier teen elfuur by die huis sal aflewer. Sy glimlag dankbaar en lui af.

Die klavier word stiptelik op tyd afgelewer. Sy wag dat die drywer vertrek voordat sy haar afspraak by die spreekkamer nakom. Dokter Gert Snyman ondersoek haar deeglik en neem 'n bloedmonster waarop hy onderneem om haar later die middag te skakel om die uitslag met haar te deel. Sy groet hom vriendelik en ry huis toe. Sy laat haar motor buite onder die druiweprieël staan met die wete dat sy binnekort weer gaan ry om Aliske te ontmoet. Sy skakel die ketel aan en skink 'n warm koppie tee en nuttig 'n tamatie-en-blaarslaai toebroodjie. Die fotograaf het die trou album met foto's netjies verpak en tuis afgelewer. Lonika maak die pakkie oop terwyl sy haar middagete geniet. Sy blaai rustig daardeur en herleef oomblikke van opwinding. Sy skryf hulle volle name en troudatum, 11 Junie 1983, netjies op die eerste blad. Sy glimlag gelukkig as sy die album op die kombuistoonbank terugskuif. "Daar het soveel dinge gebeur die afgelope tyd na ons troue," dink sy ingenome. Die telefoon lui in die studeerkamer. Sy drafstap daarheen, tel die gehoorstuk op, loop om die lessenaar en gaan sit gemaklik op die leerstoel.

Die ontvangsdame by die spreekkamer groet vriendelik voordat sy Lonika deurskakel na hulle huisdokter toe. Dokter Snyman glimlag ingenome as hy Lonika groet. "Mevrou Schmidt, jou bloedtoetse het teruggekom en dit is positief," deel hy haar trots mee. "Baie dankie dokter, maar wat beteken dit?" vra Lonika onkundig. "Dit beteken jy is swanger," bevestig hy en herhaal ywerig as daar stilte aan die anderkant van die telefoonlyn heers. "Jy gaan 'n baba hê," sê hy sag. "Maar, hoe is dit moontlik?" vra Lonika onseker en onmiddellik spyt dat sy so 'n dom vraag kon vra. "Kom sien my weer volgende maand hierdie tyd," nooi hy vriendelik en groet hartlik, beleefd. Sy sit die gehoorstuk sag op die mikkie terug en sak dieper die stoelleuning in. Sy bedink die gesprek van flussies. "Ek verwag 'n baba," fluister sy skaars hoorbaar en sluit haar oë terwyl sy haar kop agter teen die stoelleuning rus. Sy luister na die getik van die horlosiewyser en voel 'n sluimerende opgewondenheid wat van haar besit neem. Sy wonder hoe Wilhelm die nuus gaan ontvang. Nie een van hulle twee het die moontlikheid ooit bespreek óf selfs hulle toekoms rondom 'n baba beplan nie. Sy wip soos sy skrik as die muurhorlosie skielik vier agtereenvolgende egotistiese slae deur die huis stuur. Sy sit regop, "*Shit, shit, shit,*" sê sy wanhopig, staan vinnig op, verloor amper haar balans, gryp haar handsak van die rusbank af en drafstap kar toe. "Ek het amper my afspraak met Aliske vergeet," raas sy terwyl sy haar vingers senuweeagtig deur haar hare trek.

"Dis Stephan wat dinge halsoorkop kwytraak," sê Aliske opstandig teenoor Lonika en haar ouers. Lonika kyk na haar ouers en voel jammer vir die moeilike lewensomstandighede waarin hulle hulself op die oomblik bevind. Sy draai na Aliske sodat sy 'n direkte gesprek met haar kan voer. "Voel jy enige iets vir Stephan?" vra sy bekommerd. "Liewe magtig, ek het mos my kop eenmaal gestamp," sê sy opstandig. "Goed, goed, goed," kalmeer Lonika en hou haar hand in die lug om Aliske te bedaar. Aliske blaas haar asem stadig uit as sy die gesprek voortsit "J.S Motors is my kliënt. Ek sal 'n geskikte tyd kies om die misverstand met Stephan op te klaar," sê sy ferm, taktvol. Lonika sug van verligting en kyk vlugtig na haar moeder. Sy staan op en soengroet haar ouers. Sy kyk na

Aliske en vra verskoning dat sy opdringerig was. Aliske skud haar kop in vergewensgesindheid en bied aan om saam met Lonika motor toe te stap. Hulle moeder lyk verwese en Lonika se hart raak week. Sy groet altwee haar ouers met 'n liefdevolle drukkie voordat sy saam met Aliske na haar motor toe stap. Sy is dankbaar vir die opvoeding wat haar ouers hulle gegee het. "Dit is eerbaar en opreg," dink sy. Aliske haak spontaan by Lonika in. "Dankie dat jy my kom sê het," sê sy vertroulik. "Hanteer dit asseblief net reg, Sussa?" vra Lonika openhartig. "Ek sal," bevestig Aliske met 'n glimlag. Lonika voel tevrede en weet instinktief dat die probleem binnekort opgelos sal wees. Sy klim verlig in haar motor en ry terug huis toe.

Wilhelm stap die huis uit om die hek vir Lonika oop te maak. Lonika sien dat hy omgekrap is. Hy maak die garagedeur oop en staan eenkant sodat sy die voertuig kan intrek. Sy neem haar handsak en klim uit die motor uit. Hy soengroet haar vlugtig op die wang. Sy kyk hom verward en skuldig aan. Sy het gehoop om voor hom tuis te wees. "Ek was by my ouers," verduidelik sy as hulle die huis binne stap. "Jammer dat ek jou nie gesê het nie, ek wou met Aliske praat, oor Stephan," stamel sy as sy agter hom aanstap woonkamer toe. Sy sit haar handsak onseker op die rusbank neer. "Waar kom dit vandaan?" vra hy bruusk en wys kwaai in die rigting van die klavier. Lonika antwoord verlig as sy besef dat hy nie kwaad is omdat sy laat tuisgekom het nie. "Ek het met Meneer Conradie gereël dat die werkers dit vir my bring," sê sy. "Hoekom het jy nie gewag dat ek dit vir jou doen nie?" vra hy onredelik kwaai. Lonika verstaan nie sy bui nie. "Ek het gedink jy is te besig," verduidelik sy onseker en frons onverstaanbaar. "Ek is jou man!" sê hy streng en druk onnodig hard met sy wysvinger teen sy bors. Lonika staar hom verward aan. "Ek's jammer," vra sy verskoning en stap kombuis toe om aandete voor te berei. Sy voel verkleineerd en staan by die kombuistoonbank om haar deurmekaar gedagtes te orden. Sy trek haar vingers onseker deur haar hare. Wilhelm stap verby haar en skink 'n glas water. Sy staar na hom. Hulle oë ontmoet toe hy omdraai. "Ek is swanger," sê sy bykans onhoorbaar, hulpeloos en voel vir die oomblik onmenslik verlore. Hy kyk lank na haar en sy merk die ongeloof, strakheid op sy gesig, gemeng met verwardheid en skaamte. Meteens versag sy gelaat. "Ek moet jou seker gelukwens," sê hy aanmatigend terwyl hy nader stap. Hy neem albei haar hande in syne terwyl hy voor haar staan en opsommend na haar afkyk. Lonika voel moeg as haar oë syne ontmoet. "Ek is jammer vir my gedrag, dat ek jou nie laat weet het ek gaan na my ouers toe nie" maak sy verskoning. 'n Glimlag vorm stadig om die hoeke van sy lippe. Sy gesig helder op. "So, jy gaan mamma word," sê-vra hy vertroulik, intiem. Lonika knik haar kop bevestigend terwyl 'n warm gevoel van genot haar wese besing, alhoewel sy nog nie die 'volheid' daarvan besef nie. Hy stap om die kombuistoonbank en neem haar in sy arms. Hy soen haar op die kroontjie van haar kop en wieg haar vertroetelend, liefkosend heen en weer. Vir Lonika is die gebaar genoeg. Sy het haar eerste huweliksles in 'n baie kort tydjie geleer.

Lonika knip haar oë teen die son wat by die kamervenster inskyn. Sy kyk verward om haar rond en besef dat Wilhelm reeds gery het werk toe. "Ek kan nie glo ek het so laat geslaap nie," dink sy skuldig. Sy kyk op die bedkassie horlosie en sien dat dit reeds sewe-dertig is. Sy merk 'n geskrewe nota wat langs die horlosie lê. Sy maak dit oop. Dit is Wilhelm se handskrif. "Baie dankie, jy moet jouself en ons seun mooi oppas. Liefde, Wilhelm." Sy glimlag opgewek met die wete dat hy haar vergewe het vir die fout wat sy die vorige dag begaan het. Sy skakel sy kantoornommer. Hy antwoord saaklik: "J.S Motorhandelaars." Lonika druk die gehoorstuk stywer teen haar oor vas. "Jy moes my wakker gemaak het," beskuldig sy hom liefdevol. Hy lag. "Ek kon nie, jy het so vredevol gelyk." "Dankie vir jou briefie," sê sy sag. "Ek het elke woord bedoel," antwoord hy. "Is jy lus om Saterdag Warmbad toe te gaan? Ek het gedink om Stephan en jou skoonma saam te nooi, sodat jy en sy kan bond," nooi hy tergend. "Sal daarvan hou," bevestig sy en hulle lui af.

DERTIEN

"Ek verstaan jy's swanger?" sê-vrae Wilhelm se ma. "Ja," stamel Lonika verleë, nie seker hoe om die ouer vrou aan te spreek nie. "Hoekom is sy so afsydig?" wonder Lonika en kyk by die motorvenster uit. "Wilhelm het dit nie verwag nie," beskuldig sy saggies terwyl sy die woorde deur haar tande forseer sonder om haar lippe te beweeg. "Ons was altwee verras," glimlag Lonika onseker en kyk direk na haar skoonma op soek na tekens van afkeuring, maar merk net 'n diep verbitterde frons wat tussen haar oë keep. Lonika staaf haar teen die kilheid van haar gesigsuitdrukking en die doodsheid in haar gelaat. Die vrou trek haar asem skerp in en blaas dit stadig hoorbaar uit. "Waarom bly die mans tog so lank weg?" dink Lonika desperaat en sug verlig toe sy hulle met kospakkies by die kafee sien uitstap. Hulle lyk opgeruimd en klim voor in die motor in. Stephan sien toe dat sy ma 'n eetding kry en gee aan Lonika spottenderwys 'n southappie om te verhoed dat sy weer 'n vloed van naarheid ervaar. Die dames ontvang elk 'n vrugtesap. Lonika drink haar vrugtesap en laat die southappie vir later staan. Sy merk dat Wilhelm haar in die truspieëltjie dophou en sy glimlag bemoedigend. Die kommer in sy oë versag. Lonika neem haar voor om die dag so aangenaam as moontlik te maak en 'n manier te vind om met haar skoonmoeder oor die weg te kom. Die mans gesels gesellig. Hulle ma lewer tussentydse kommentaar en die atmosfeer verbeter namate hulle die warmbron, Warmbad nader. Lonika ontspan en neem opgewek deel aan gesprekke waarvan sy kennis dra.

Wilhelm kry 'n veilige parkering onder 'n groot boom. Hy help Lonika uit die motor en neem die mandjie met versnapperings wat sy ma ingepak het, terwyl Stephan die kampgoed dra. Hulle stap gesellig deur die hoofhekke nadat Wilhelm die kaartjies gekoop het. Lonika merk dat sy ma baie meer ontspanne is. Hulle oë ontmoet en Lonika glimlag eerbiedig. Sy kyk opsommend na Lonika en trek haar mondhoeke skeef wat na 'n hopelose poging van vriendelikheid lyk. "So koud soos staal," dink Lonika geamuseerd en help Stephan om die stoele op te slaan. Wilhelm het die kombers op die gras oopgegooi. "Kom maak ma tuis," nooi Lonika en lê moedswillig klem op die 'ma' sodat almal dit duidelik kan hoor. Sy glimlag breed en wys met haar hand na 'n stoel wat netjies oopgeslaan en gerieflik onder die koelteboom staan. Wilhelm en Stephan kyk afwagtend na die vroue. Lonika neem een van Stephan se helder kussings wat hy saamgebring het en plaas dit op die rugkant van haar stoel. Sy glimlag uitnodigend vir haar skoonma en neem terselfdertyd haar strandsak wat Wilhelm vir haar gekoop het. "Lief, is jy lus om lyf nat te maak.?" vra sy lieftallig vir Wilhelm. "Heng, dit sal lekker wees!" antwoord Stephan vinnig en gluur Wilhelm kwaai aan terwyl hy sy oë sywaarts in die rigting van sy ma trek. "Ja, natuurlik," snap Wilhelm en kyk hoedat Lonika aanstaltes maak kleedkamers toe. "Ek stap saam," sê hy momenteel en sluit sy vingers haastig om Lonika sin sodat sy verplig is om saam met hom na die onderskeie aantrekkamers te stap. "Hoe gaan dit met jou en skoonma?" vra Wilhelm ernstig. Lonika huiwer op soek na die regte antwoord. "Sy sal nog aan die gedagte gewoond raak," stel sy Wilhelm gerus.

Die water is heerlik lou en ruik na ondergrondse minerale. Wilhelm neem Lonika na die dieper kant van die swembad. Lonika is nie 'n goeie swemmer nie en verkies om in die veiligheid van Wilhelm se arms te bly. Hulle lag en gesels opgewek. Wilhelm maak seker dat hy nie sy moeder uit sig verloor nie. Hy is bekommerd oor haar welstand, maar merk dat sy ontspan en die uitstappie geniet. Stephan sluit by hulle aan. "Skoonsus, jy doen uitstekend," lag hy spottend, komies. Lonika hou van Stephan se manier van kommunikasie en voel gemaklik in sy geselskap. Sy lag saggies, tevrede. Wilhelm kyk na haar met goedkeuring. Lonika se nuwe wêreld vul haar met welkome uitdagings. Hulle klim uit die swembad uit en sluit by hulle moeder aan. Lonika help haar skoonma met die eetgoed, bewus daarvan dat sy onderlangs dopgehou word. "Ek sal nie terugstaan nie," dink Lonika opstandig - vasbeslote om haar innerlike vrede te behou. "Hoe ver swanger is jy?" vra Wilhelm se ma onverwags. "Ses weke," antwoord Lonika kalm en laat die vrou begaan as sy 'n ekstra hoenderporsie in Wilhelm se bord plaas. Sy glimlag vriendelik en neem die borde vir die mans wat op die kombers ontspan. Sy sien dat haar skoonma haar bord geneem het en gemaklik op haar stoel sit en eet. Lonika vat haar bord en skuif langs Wilhelm op die kombers in. Die groepie lyk gelukkig en vreedsaam.

"Jou pa begin Maandag by ons werk," sê Wilhelm opgewek aan Lonika. "Ja," beaam Stephan trots en lek sy vingers vinnig af. "Wilhelm het vir hom werk aangebied as motorwerktuigkundige." sê hy al kouend. Lonika lyk verras. Die mans lag vir haar verbaasde uitdrukking. Sy glimlag verlig en voel skielik hoedat momentele trane van innerlike dankbaarheid in haar opswel. "*Shit,*" dink sy bedees en neem 'n desperate slukkie van haar vrugtesap. "Hormone!" gil haar estrogeen terwyl 'n welkome, laaghangende boomritsel die vog in haar oë ongemerk opdroog. "Dankie," fluister sy saggies, aangeraak vir Wilhelm. Hy glimlag liefdevol vir haar kinderlike en opregte gebaar. "Gaan jy nou vir die hele wêreld sorg?" onderbreek sy ma die soepelheid van die oomblik. "Nee Ma. Ek kort 'n werktuigkundige," antwoord Wilhelm streng en skep nog aartappelslaai in sy bord. Lonika kyk oor die swembad en 'n gevoel van verlies neem besit van haar vrede. Sy skuif haar bord ongemerk opsy en drink haar vrugtesap in stilte. Die res van die dag verloop stemmig en hulle ry laatmiddag terug huis toe. Lonika bejeën haar skoonmoeder met respek, maar die begeerte om haar deel van haar hart te maak, het haar ontglip.

"Kom sit hier by my op die bank," nooi Wilhelm nadat hy 'n lêer uit die studeerkamer geneem het. Hy blaai deur 'n paar los, getikte papiere en kyk op waar Lonika by die kant van die bank staan. Sy vee haar hande aan die vadoek af. "Kom?" wys hy na die bank en slaan saggies uitnodigend met die palm van sy hand op die sitplek. Lonika glimlag en gaan sit langs hom. Hy skuif nader aan haar en sit die lêer oor albei van hulle bene. Lonika sien dat haar identiteitsdokument tussen die papiere lê. "As iets met my gebeur moet jy weet wat om te doen," sê hy ernstig. Sy gesig is saaklik en streng. Hy skuif 'n testament na haar. "Alles wat ek besit is ook joune," hy kyk haar ferm aan om seker te maak dat sy verstaan. "Maar die blok wooneenhede, gaan na die kinders toe." Hy wag dat Lonika bevestigend knik voordat hy verder praat. "Ek het voorsiening gemaak dat julle elke maand 'n bedrag sal ontvang." Lonika ondervind 'n gevoel van hartseer en Wilhelm plaas sy hand vertroulik op hare. "Verkoop die besigheid," pleit hy saggies terwyl sy haar emosies onder beheer kry en hy haar streng aankyk. Hy maak die lêer toe. "Ek sluit dit in die kluis toe. Die makelaar se besonderhede is ook in die lêer, kontak hom onmiddellik, hy sal weet wat om te doen." Daarmee beëindig hy die gesprek en stap na die studeerkamer toe. Lonika staan stadig op. Sy verstaan Wilhelm se behoefte, maar waarom die dringendheid. Sy stap kombuis toe. Hy kom agter haar staan en plaas sy hand om haar middel. Sy hand rus op haar swanger buik. "Ek wil net seker maak, dis al," fluister hy sag in haar nek. Lonika dwing die hartseer weer terug en laat haar kop agteroor teen sy bors sak. Sy wil nie omdraai nie, net vir 'n oomblik wil sy sy fluisterstem in haar nek vertroetel en die beskerming daarvan in haar weerlose bestaan innooi, want uit haar onkunde het sy alreeds geleer dat die lewe nie waarborge bied nie. Die aand het stil ontdooi. Die maan het sy skadu teen die slaapkamermuur geflans en die onsekerhede van môre uit die nag gehaal. Wilhelm se asemhaling het verdiep. Lonika sluit haar oë sodat sy in 'n rustige slaap verval.

"Vir wat is jy so omgeëllie?" vra Wilhelm kwaai toe Stephan sy kardeur hard toeslaan en verby sy kantoor brom kombuis toe. "Ek maak koffie," antwoord Stephan bruusk en behou sy fokus op die grond. Hy merk dat sy skoenpunte nog steeds bedek is met die rooistofgrond van gisteraand toe hy blindelings die stofpad ingevaar het na sy geprek met Aliske. Wilhelm sien sy broer se ongelukkigheid en volg hom. "So uit daarmee," sê hy streng. "Nie hier nie," verdedig Stephan ongemaklik en wys met sy wysvinger na die werkswinkel. "Wil jy nou hê oom Boet moet ons familieskandes hoor?" vra hy geïrriteerd. "In elk geval, dis 'n geknoopte familie dié," kerm-brom Stephan opstandig. "Huhh?" sê-vra Wilhelm fronsend met geen idée waarna Stephan verwys, óf wat hy bedoel nie. "Die man is in elk geval deesdae onvoorspelbaar - erger as 'n voorbehoedpil in 'n smartieboks," haal hy komies een van Stephan se gunsteling sê-goed aan, maar ervaar geen behoefte om daaroor te lag nie. Stephan kyk Wilhelm skerp aan. "Jóú familie, mý familie, óns familie," sê Stephan aanmatigend en druk sy wysvinger beurtelings op Wilhelm se bors, sy eie bors en trek 'n denkbeeldige kring in die lug - as hy homself, Oom Boet in die werkswinkel, en Wilhelm by sy opmerking insluit. "Dís die geknoopte familie?" vra Wilhelm om duidelikheid te kry oor Stephan se stelling. "Ja," brom Stephan. Wilhelm neem sy koffie van die kombuistoonbank af. "Kom," beveel hy streng en stap na sy kantoor toe. Stephan volg hom teësinnig. Hy vat 'n vinnige slukkie koffie voordat Wilhelm die kantoordeur agter hulle toe maak. "Dit gaan oor Aliske," maak Wilhelm 'n direkte stelling sodat Stephan nie 'jakkelsdraaie' met hom loop nie. "Jaaa," antwoord Stephan dom-astrant. "Wie anders?" vra hy skouerophalend. "Ek het jou gesê dis nie 'n gesonde ding nie," raas Wilhelm. "Ek weet, maar jy lyk gelukkig, Ouboet," kla hy seunsagtig. "Ek begeer dieselfde," voeg hy sagter by en staar na die stofdeeltjies wat op sy skoenpunte saamgepak het. Wilhelm se hart versag.

Sy vaderlike instinkte neem besit van sy choleriese brein. Hy kyk ook nadenkend na Stephan se skoenpunte, sodat hy genoegsame tyd kan win om die regte woorde te vind. "Jy moet jou skoene skoonmaak," sê hy streng en stap om sy lessenaar. "Ja, Ouboet," brom Stephan gehoorsaam en kyk hoopvol teen sy broer se rug vas as hy om die tafel stap. Wilhelm skuif agter sy lessenaar in. "Ok, Boetman. Vertel my wat gebeur het," sê hy sag, bemoedigend. Stephan trek sy asem diep in en blaas dit stadig weer uit. Hy skuif terug op sy stoel sodat hy Wilhelm ten volle in sig het. Dit laat hom gemaklik voel. "Op grond van sake, is my Ouboet my mentor," dink hy. Hy kyk Wilhelm vertroulik, ernstig aan. "Ek het Aliske genooi vir ete gisteraand," sê hy en aarsel, wagtend op 'n reaksie van Wilhelm, maar gaan voort as hy sien dat sy broer aandagtig luister. "Sy was vriendelik, maar vasbeslote dat ons op die tuinbankie by hulle huis sit en gesels," hy huiwer. "Blykbaar nie lus vir uitgaan nie," voeg hy verskonend by. "Sy het my hand in hare gevat." Stilte. "Toe ek dink sy gaan haar liefde aan my verklaar, sê sy ewe hoflik." Stephan maak sy keel skoon en skuif tot op die voorpunt van sy stoel as hy voortgaan met die gesprek, "Stephan, Beer, ek en Deon, die kind se pa, gaan nou 'n familie wees," beken Stephan stadig en kyk sy broer ernstig aan. Hy staan op. "Kan jy glo!" bars hy onbeheersd, staande voort. "Noem my 'n beer, en dan sê sy my af." Hy gooi sy hande magteloos in die lug. Hy skud sy kop onverstaanbaar." Wilhelm kyk sy broer stil aan. "Ongelooflik," herhaal Stephan sag, teneergedruk.

Wilhelm sluk swaar aan 'n lagbui wat dreig om uit sy kieste te glip en kug saggies agter sy vuis wat hy doelbewus met sy elmboog op die tafel stut sodat hy Stephan met begrip en volwasse insigte kan beloon. "Boetman," begin hy die gesprek na 'n rukkie op 'n sagte simpatieke, dog ernstige toon. "As jy die omstandighede goed in oorweging neem, sal jy besef dat jy hopeloos te jonk is vir enige vorm van verantwoordelikheid, en dat dié - óns familie-ding nie kan werk nie." Hy wys met sy wysvinger tussen Stephan, homself en in die rigting van die werkswinkel. "Aliske het 'n wyse keuse gemaak om haar eie familie te hê." Hy huiwer 'n oomblik voordat hy sy sin voltooi met die hoop dat dit die finale toevoeging sal wees om Stephan oor te haal om sy verliefdheid te staak. "Sy is geregtig daarop. As jy in ag neem, dit is hulle kind," hy laat die woorde in die lug hang. Stephan oordink sy stelling. Sy gemoed verander stelselmatig terwyl hy die laaste bietjie van sy koffie drink. Wilhelm sluit die gesprek af met 'n positiewe aanbeveling: "Wat ek voorstel jy doen is, gaan koop vir Aliske, namens J.S Motors, 'n geskenk waarop jy haar bedank vir die uitstekende diens wat sy die afgelope jaar aan ons gebied het." Hy neem sy pen saaklik van die lessenaar af op en kyk Stephan staalvas in die oë. Stephan sit ernstig en oorweeg die voorstel. "Jy is reg Ouboet, ek was 'n bietjie oorweldig." Hy glimlag braaf vir Wilhelm en maak die deur oop. Hy laat die deur oop staan as hy die kantoor verlaat. Stephan stap regop en trots by die vertoonlokaal uit oppad na ou Millies toe. Hy bestel vier wegneemetes. Sy gemoed is verlig. Hy het die leertrap geklim en sal spoedig 'n nuwe lewensles bemeester. Hy haal 'n sigaret uit sy bo-sak en steek dit tydsaam aan. Hy trek 'n rooi neut-en-sjokolade boksie nader. "Gemaak van gebrande en poeier-gemaalde kakaobone; kakaomassa met suiker en kakaobotter," lees hy tevrede, betaal en stap selfvoldaan - verrykend terug kantoor toe.

VEERTIEN

Dis laataand. Lonika hoor die muurhorlosie nege keer slaan. "Wilhelm kom al hoe later tuis," dink sy bekommerd. Sy voel saans bang as Wilhelm eers donker huis toe kom. Sy het egter nie die vrymoedigheid om dit met hom te bespreek nie. Sy hou ook nie daarvan om sonder hom te eet nie, gevolglik bly die onaangeraakte borde met kos tot die volgende dag wanneer sy dit vir die huishulp gee. Sy troos haar daaraan dat hy gesê het hy is baie besig. Sy skink 'n warm koppie tee en skakel die TV aan. Sy trek die agterdeur op knip en skuif al die gordyne dig toe. Sy voel lusteloos en rol die materiaal op die mat in die sitkamer uit vir die gordyne wat sy vir Johan en Lanie se kamers wil maak. Sy het verstaan dat die kinders die laaste week in die Julie vakansie gaan kom kuier. Sy is opgewonde oor die vooruitsigte daarvan. Sy sny Lanie se gordyne eerste. Die geur van nuwe materiaal hou vir haar bekoring in en sy glimlag tevrede as sy die laaste gedeelte van die materiaal uitmeet. Sy sal môre die stikwerk doen.

Sy hoor die hek oopgaan en voel opgewonde toe sy besef dat Wilhelm tuis is. Sy vou die stukke lap op, plaas dit op die eetkamertafel en stap agterdeur toe om vir Wilhelm oop te sluit. Hy lyk kwaad en loop die huis binne. Sy is verras deur die reuk van sterk drank wat hom vergesel. Sy kyk opsommend na hom. Hy gluur haar aan en slaan die agterdeur toe "Jy's 'n hoer!" skreeu hy onverwags op haar. Lonika staar hom geskok aan, onseker of sy reg gehoor het. Sy staan skrikkerig eenkant as hy verby haar storm. Hy kyk haar minagtend aan en loop kamer toe. Hy slaan die deur toe. Sy loop stadig in die gang af na hulle slaapkamer, draai weer om en stap terug kombuis toe. Skakel die ketel aan en merk dat haar hande liggies bewe as sy die teekoppie op die piering neersit. Sy besluit teen die tee. Sy stap woonkamer toe en skakel die irriterende TV af. Sy sit op die rusbank, onseker wat haar te doen staan en staar nikssiende voor haar uit. Die gebeurtenis speel oor en oor in haar geheue. Sy is verward en onbekend met dié tipe gedrag. Haar ouers is nie drinkers nie, inteendeel sy is met christelike beginsels opgevoed. Sy dwaal deur die groot huis en sluit die agterdeur, stap weer stadig na hulle slaapkamer toe en staan voor die toe deur, onseker of sy dit mag oopmaak. Sy draai om, stap na Lanie se slaapkamer toe, skop haar skoene uit en gaan lê op die bed. Sy trek die deken stywer teen haar nek op en maak haar oë toe terwyl haar keel brand van ingehoue trane. Sy bid saggies as 'n gevoel van verlatenheid haar bemeester. Haar wese is gevul met bekommernisse en vrae. Sy sluimer in die oggendure in.

Sy droom. Sy ry met 'n speelgoedmotortjie op die besige hoofweg van Randfontein oppad na hulle huis toe. Sy sleep Wilhelm se kleiner speelgoedmotortjie aan 'n toutjie agter hare aan. Wilhelm is nie in die voertuig of naby haar nie. Dit het vir haar 'n saak van dringendheid geword om sy speelgoedmotortjie veilig by hulle huis terug te besorg. Sy stop by die besige vier-rigting kruising wat na hulle huis toe gaan. Sy kan egter nie oor die kruising kom nie weens die hoeveelheid van motors wat daaroor beweeg. Die voertuie wat oor die kruising gaan is nie speelgoedvoertuie nie, maar die normale voertuiggrootte. Sy besluit om van die hoofpad af te gaan en langs dit op die grondpad te ry sodat sy makliker die enkel teerpad kan oorsteek. Sy sleep Wilhelm se speelgoedmotortjie veilig oor die enkelpad. Sy besluit om, vir veiligheidshalwe, op die grondpad te hou. 'n Ou bruin Volkswagen voertuig (normale grootte) hou langs haar stil en bied hulp aan. Sy merk tot haar verligting dat dit Stephan is. Stephan klim laggend uit die voertuig uit. Sy verwelkom sy hulp en sien toe hoedat hy die speelgoedmotortjies by haar neem en haar in sy Volkswagen motor inhelp.

Lonika word wakker as die huishulp die kombuis opruim. "Ek het vergeet Sara kom in vandag," kerm sy moeg teenoor haarself. Sara werk net twee dae per week. Dan onthou sy haar droom. "Wat 'n eienaardige droom," dink sy en staan op om na hulle slaapkamer toe te gaan met die hoop dat Wilhelm nog nie gery het nie. Sy wil graag opklaring kry oor die vorige aand se gebeure. Sy verstaan nie sy uitbarsting nie en sal die tipe van optrede in die toekoms wil verhoed. Die bed is onopgemaak en deurmekaar. Lonika loop na hulle badkamer toe en tap badwater in met die voorneme om Wilhelm daarna te skakel. Sy trek warm aan en grimeer sag terwyl sy haar hare goed uitborsel. Sy skakel Wilhelm se kantoor. Sy stem klink moeg as hy antwoord: "J.S Motors, waarmee kan ons help?" "Hallo lief, dis ek. Kan ons gesels?" vra Lonika kalm, dog onseker. "Ja, ek wou jou nou net bel. Ek gaan jou kar verkoop, ek het 'n nuwe 1400 Datsum bakkie vir die kleinhoewe gekoop. Jy moet hom gebruik," sê Wilhelm onvriendelik. Lonika is ontstig oor sy besluitneming. "Ek hou van my motor," sê sy saggies, opstandig en besef dat die gesprek 'n heel ander wending geneem het. "Ons ruil môre die voertuie," beslis hy die gesprek en sluit af met: "Sien jou vanaand." Lonika sit die gehoorstuk stadig op die mikkie terug en staan vir 'n oomblik onseker langs die lessenaar. Sy stap terug na hulle slaapkamer toe, skuif die gordyne oop en maak die bed netjies op.

In die eetkamer trek sy haar naaldwerkmasjien nader en stik die gordyne een na die ander klaar. Dit is laatmiddag toe Sara haar help om die gordyne op te hang. "Ai mevrou, dit lyk mos nou baie mooi," lag die ouer vrou selfvoldaan en klap haar hande saam. Lonika voel trots op haar handewerk en glimlag tevrede, alhoewel sy nie die onderliggende gevoel van onstuimigheid kan afskud nie. Sy verstaan nie Wilhelm se optrede nie en verwag 'n verduideliking. Sara vou die ou gordyne netjies op. "Sara, jy kan daardie gordyne maar vir jou vat," sê Lonika sag. "My mens," lag Sara dankbaar. "Dankie, dankie, dankie. Die Here sal na jou kyk." Lonika lag skaam en kyk vinnig weg as 'n hartseer knop in haar keel opstoot. Sara vat die netjies opgevoude gordyne en hang dit oor albei haar arms. Sy kyk meewaardig na Lonika. "Mevrou, daar is rooi kerse in die eetkamer vir vanaand se ete." Sy glimlag wys en stap uit die kamer uit. Lonika staar haar vir 'n oomblik agterna. "Dis 'n goeie idée," dink sy ingenome en volg Sara kombuis toe. Die boerboel lê voor die opening van die agterdeur in die laatmiddag Augustus son. Hy volg haar beweging lui as sy heen en weer tussen die opwasbak en die yskas beweeg. Sy haal groente en 'n stewige stukkie beesfilet uit. Sy plaas dit op die wasbak sodat dit vinnig kan ontdooi. Sara skil die groente goedhartig terwyl sy sing, *"Each step I take my Saviour goes before me and with His Loving Hand, He leads the way."* Vrede vul die kombuis. Lonika lag saggies as sy by die boerboel kniel. "Toe ou maat, het jy enige verdere voorstelle vir my?" vra sy spottenderwys en lig sy kop op sodat sy direk in sy ligte bruin oë kan kyk. "Nee?" antwoord sy namens die boerboel en skud haar kop vermakerig liggies heen-en-weer. Sy talm nog vir 'n oomblik terwyl sy bewonderend oor sy pels streel. "Mevrou is nog baie onskuldig," klik Sara se tong agter in haar keel terwyl sy Lonika onderlangs dophou. Lonika staan tevrede op en haal die rooi kerse van die rak af. Die boerboel laat sak sy kop lui op sy pote. Lonika verwelkom sy teenwoordigheid. Dit laat haar veilig voel. "Die boerboel en Sara skep 'n rustige atmosfeer," dink sy saggies terwyl sy die eetkamertafel met vernuf dek. Sara plaas 'n rooi roos in 'n kristalglas in die middel van die tafel en lag gelukkig, tevrede as sy Lonika groet en oor die boerboel trap om huis toe te gaan. Lonika voel selfvoldaan as sy die glasbak met beesfilet, sampioene en kaassous in die oond sit om stadig te bak Sy vertrou dit sal Wilhelm laat ontspan sodat hy sy bekommernis met haar kan deel.

Dit is na tien toe Wilhelm by die hek indraai. Lonika kyk teleurgesteld deur die venster as hy die garagedeur oopmaak en die rooi 1400 Datsun bakkie daarin trek. Sy merk dat hy gedrink het. Hy stamp die kombuisdeur swetsend oop. Sy stap hom tegemoet. Hy merk haar op en wys met sy vinger in haar rigting terwyl hy sleeptong praat. "Weet jy," hy aarsel 'n oomblik voordat hy verder praat. "Ek moet vyf karre 'n maand verkoop om vir almal te sorg," sê hy beskuldigend teenoor haar. Lonika staar verward na hom. "Ek het 'n koper vir jou kar," sê hy kwaai, bevelend en strompel verby haar kamer toe. Sy kyk hom seergemaak en afkeurend agterna. Hy slaan die kamerdeur toe en sluit haar in haar eie onsekerhede toe. Sy loop gekrenk en moeg terug kombuis toe, skakel die oond af, stap na Lanie se kamer toe en trek die deur saggies op knip. Sy huil haarself aan die slaap.

Die koue Augustus wind het oor haar liggaam gekruip en haar vlees met kilheid bedek. Sy is vroegoggend wakker. Haar lyf is styf en koud. Sy het nogsteeds die vorige aand se klere aan. Sy loop moeg kombuis toe en skakel die ketel aan. Sy voel afgemat en geviktimiseer. Sy skink twee bekers koffie en loop na die hoofslaapkamer toe. Wilhelm slaap vas. Sy plaas die beker koffie op die bedkassie langs hom. Dan neem sy warm skoon klere en stap weer liggies uit die kamer uit. Sy besluit om die gaste badkamer te gebruik en skuim die bad op met lyfolie gemeng met laventel borrelseep. "Enige iets om die koue uit my bene te kry," sug sy moeg. Die badkamer is heerlik warm as sy in die water ingly. Sy sluit haar oë. "As ek tog net weet wat ek verkeerd gedoen het," praat sy teen die palms van haar hande terwyl sy desperaat die trane van haar wange afvee. Sy laat toe dat hartseer haar oorweldig en snik saggies. Na 'n wyle voel sy beter en tap nog warm water in die bad.

Wilhelm klop liggies aan die badkamerdeur. "Kom in," nooi Lonika terwyl sy vinnig regop in die bad sit. "Ek vat jou kar werk toe. Sal jy later inkom om die papiere vir die verkoop daarvan af te teken?" Wilhelm wag vir Lonika om te antwoord. "Ek wil nie regtig my kar verkoop nie," maak sy beswaar. "Gebruik die bakkie. Ek sal later weer vir jou 'n kar kry, " antwoord hy en stap weg. Lonika voel opstandig. Sy klim uit die bad uit. Droog haar hard en vinnig af. Trek haar warm aan en hardloop kombuis toe. Sy sien Wilhelm wegry. Sy gooi haar hande magteloos in die lug. Sy staar haar voertuig agterna. Sy stap na die hoofslaapkamer toe. Die bed is weer onopgemaak. Sy trek haar vingers vererg deur haar hare en betrag die deurmekaar vertrek opstandig. Sy ruim krenkend op en grimeer daarna liggies. Haar liggaam is moeg en sy voel siek.

Lonika besluit om by Aliske 'n draai te maak voordat sy na

Wilhelm se werk toe ry. "Hallo ousus. Wat maak jy hier?" vra Aliske verbaas. "Verlang sommer na jou," antwoord Lonika ontwykend, ligsinnig en versteek haar onderliggende bekommernis. "Wanneer hou jy op met werk?" vra Lonika belangstellend. "Die einde van Augustus. September is my tyd," antwoord Aliske trots. "Ek verstaan jy is ook swanger." "Ja," antwoord Lonika en vervolg as sy sien dat Aliske haar opsommend aankyk. "Na beraming, so agt weke." "Jy lyk moeg," sê Aliske. Lonika trek haar skouers op. "Die eerste twaalf weke is altyd die moeilikste," lag sy "Ek weet nie wie gaan J.S Motors se finansiering hanteer as ek weg is nie," verander Aliske die gesprek. "Maak jy dan heeltemal klaar by die bank?" vra Lonika belangstellend. "Ja," sug Aliske. "Deon wil hê ek moet tuis by die baba wees." Hulle gesels nog ligtelik oor 'n paar sake voordat Lonika groet en vertrek. Lonika klim in haar motor en kom tot die gevolgtrekking dat Aliske se bedanking moontlik bydra tot Wilhelm se bekommernis. Sy ry J.S Motors toe. Sy stap eers werkswinkel toe om haar pa te groet. Hy is opgewonde om haar te sien en wens haar geluk met haar swangerskap. Sy glimlag tevrede. Sy merk dat Wilhelm buite die vertoonlokaal staan en gesels. "Hallo skoonsus," groet Stephan opgewek en druk haar liggies teen hom vas. "Hallo swaer," groet sy laggend. "Wie's die vroutjie daar by Wilhelm?" vra Lonika belangstellend terwyl hulle altwee in Wilhelm se rigting kyk. "Dis Selma Nel, " fluit Stephan deur sy tande en trek sy oë betekenisvol groot. "Sy's 'n rep, en *HOT!* En getroud," voeg hy ernstig en teleurgesteld by terwyl hy sy skouers vermakerig laat sak. Lonika lag vir sy ligsinnige gebaar en stamp hom speels in sy sy. Wilhelm merk Lonika op, groet die verteenwoordiger en stap die vertoonlokaal binne. Hy soengroet haar vriendelik en druk haar vir 'n oomblik teen hom vas. Stephan maak keel skoon. "Koffie?" vra hy. "Nee, dis nie nodig nie, Boetman. Lonika gaan net gou die karpapiere teken, ek is haastig," sê hy streng. "Ons moet asseblief gesels," sê-vra Lonika sag tog dringend sodra Stephan wegstap en kyk afwagtend in Wilhelm se oë. Wilhelm knik bevestigend. Lonika teken op die

105

plekke wat Wilhelm vir haar wys. Dan neem hy Lonika se hand en stap met haar bakkie toe, maak die deur oop en laat haar inklim. Sy draai die venster af. Hy soengroet haar deur die venster. "Sien jou vanaand," sê hy sag. Sy knik. Hy draai om en stap weg. Sy skakel die bakkie aan en ry huis toe. "Wat is besig om tussen ons te gebeur?" vra Lonika saggies teenoor haarself terwyl koue vingers onvoorspelbaar om haar hart kom wurg.

Lonika sit op die rand van die bed as Wilhelm laataand by die huis kom. Hy het gedrink, maar nie so erg nie. Hy lyk vriendeliker. Sy staan op om hom te groet. "My ma was reg, jy kom uit 'n swak huis," beskuldig hy haar. Lonika frons en sak weer terug op die bed. "Wat bedoel jy?" vra sy seergemaak. "Ek wil nie dié kind hê nie," sê hy kras. Lonika voel hoedat haar liggaam koud word met die aanhoor van sy woorde. Sy staar hom sprakeloos aan. "Ek gaan reël vir 'n aborsie," sê hy kil en stap weg. Sy sit stil, asof versteen, totdat sy sy motor se dreuning hoor as hy vertrek. Vir nog 'n oomblik sit sy gestroop van emosie. 'n Doodsheid neem van haar gemoed besit. Sy leun verder terug teen die kussings toe 'n naarheid haar oorweldig. Sy hardloop vinnig badkamer toe as die speeksel 'n soutbraaksel in haar mond vorm. Sy stut oor die toiletbak en kreun as haar maagwande krampagtig saamtrek om vogtige sure teen die kante van die toiletbak te spat. As sy die slymagtigheid daarvan sien, besef sy dat sy nie veel geëet het deur die dag nie. Sy spoel haar mond met skoon water uit en stap swakkerig gangaf kombuis toe om vir haar rooibostee met 'n roosterbroodjie te maak.

VYFTIEN

"Môre, Mevrou Schmidt. U agt weke besoek?" lag dokter Snyman opgewek terwyl hy '13 Augustus' op Lonika se lêer aanteken. "U kan maar op die bed gaan lê," nooi hy vriendelik en wys na die kant van die spreekkamer. Lonika glimlag stil en trek haar skoene uit. Sy lê in afwagting. Dr Snyman trek haar oorjassie eenkant en druk saggies weerskante van haar buik. Sy kyk na hom. "Kry jy genoeg rus?" vra hy opsommend. "Ek is 'n bietjie moeg, en naar," antwoord sy. "Ek gaan vir jou *'Diclegis'* en foeliensuur voorskryf," stel hy voor. Hy beweeg die stetoskoop onder haar naeltjie en luister aandagtig. 'Hmmm," sê hy ingenome. "Alles klink normaal," hy glimlag vaderlik. "Trek gou aan, dan bespreek ons 'n paar belangrikhede." Lonika voel verlig en veilig in die spreekkamer. Sy skuif 'n rukkie later op die stoel voor sy lessenaar in. Hy skryf die voorskrif uit en gee dit vir haar. "Jy is nou ongeveer agt weke swanger." Hy kyk haar stip aan terwyl hy praat. "Jou baba se hande, klein vingertjies, voete en toontjies is nou gevorm. Die outjie kan sy elmboë en pulse buig. Geslagsdele word in hierdie tyd gevorm asook oë pigmente." Hy merk trane in Lonika se oë wat sy doelbewus probeer wegsteek. Sy haal 'n sneesdoekie uit haar handsak en blaas haar neus liggies. Hy stap om die lessenaar en sit op die kant daarvan terwyl hy verder gesels en haar opsommend dophou. "Daar is ook 'n sterk waarneembare hartkloppie." Sy woorde vul die vertrek en Lonika veg hard om haar selfbeheersing te behou. Sy kyk op. "Dankie dokter," sê sy sag, glimlag flou en groet beleefd voordat sy die spreekkamer verlaat. "Maak asseblief vir Mevrou Schmidt 'n twaalf weke afspraak," gebied hy bekommerd telefonies aan die ontvangsdame, nadat Lonika die deur op knip getrek het.

Lonika sluit die bakkie se deur vinnig oop en huil histeries hard as sy binne die veiligheid van die motor is. Haar kop rukkend op haar hande wat op die stuurwiel rus. "Vader, wat moet ek doen?" prewel sy huilend, onbewus van wat 'n aborsie behels, behalwe die feit dat dit die lewe binne haar sal beëindig. Sy huil totdat die motor se ruite toe gewasem is en haar liggaam doelloos moeg onder haar wil invou. Sy lig na 'n paar oomblikke haar kop van die stuurwiel af op, blaas haar neus hard uit en ry onwillig terug huis toe.

"Is jy donners mal!" skreeu Stephan verbaas op Wilhelm nadat hy hom vertel het van sy voorneme om die swangerskap te beëindig. Stephan gluur Wilhelm kwaad aan. "Dis moord!" gaan Stephan voort en stap bruusk tot reg voor Wilhelm, gereed om hom aan sy hemp te gryp met die hoop om verstand in sy kop in te moker óf hom dalk tot ander insigte te dwing. Wilhelm staan uitdagend, vreesloos voor Stephan en merk sy onstellende woede. "Ek gee nie om of jy my moer toe slaan óf nie. Ek wil nie die kind hê nie," sis Wilhelm digby Stephan se gesig. "Is dit wat jy sê, of is dit wat die Selma vroumens sê?" meet Stephan sy woorde berekenend kwaai af, terwyl afsku sy gelaat vervul. Die twee broers kyk mekaar met wedersydse woede aan. "Wilhelm jy kan maar die groen Toyota op die vloer trek, ek's klaar met hom," sê oom Boet waardig in die deur en stap terug werkswinkel toe. Stilte heers in die vertrek voordat Stephan omdraai en by die kantoor uitstap. Wilhelm staan nog met sy hande in sy sye toe hy 'n pertinente besluit neem om sy broer nie verder in te lig rakende sy voornemende planne om die swangerskap te beëindig nie.

Lonika het ingesluimer en lê rustig op hulle bed. "Mevrou," Sara se hand rus op Lonika se bobeen as sy moederlik Lonika saggies wakker maak. "Mevroutjie, word wakker. Daar's kuiermense in die sitkamer." sy aarsel as sy Lonika hoor kreun. "Wonderlik, nou kan ek gaan tee maak," sê sy verlig as Lonika haar oë lomerig, traag oopmaak. Sy glimlag tevrede en stap deur toe. "Spoel net eers jou gesiggie af, sodat die mense nie sien mevrou het gehuil nie," fluister sy voordat sy die gang afloop. "Mevrou is nou hier. Ek maak gou tee," stel sy die gas gerus.

Lonika loop vinnig badkamer toe en spoel haar gesig af. Sy voel beter nadat sy gerus het. Sy trek haar klere reg, sit 'n ligte lipstiffie op haar lippe en blos haar wange met 'n tikseltjie rooi poeier. Sy stap flink met die gang af sitkamer toe. "Veron!" roep sy verras. Sy neem haar vriendin se hande vriendelik in hare en soen haar op die wang. "Wat het jou laat besluit om in te loer?" vra sy. Veron kyk haar opsommend en vriendelik aan. "Dis Stephan, hy't gesê ek moet kom kyk of jy jou gedra," terg Veron opgewek en neem oorkant Lonika in die leunstoel plaas. Lonika lag en laat haar vriendin begaan terwyl sy haarself tussen die kussings van die bank opkrul. "Het die man darem weer sy hart gevind?" spot-vra Lonika terwyl sy na hulle gesprek in die sentrum verwys. Veron lag heerlik uitgelate. "Ek dink nie hy het ooit sy hart verloor nie en soos jyself weet, lus is nie 'n ou se speelmaat nie," voeg sy ligsinnig by en knip-oog vertroulik vir Lonika. Lonika kyk haar vriendin ondeund aan voordat 'n onbeheerde lagbui die vertrek vul. Trane vul Lonika se oë terwyl sy al snikkend sneesdoekies nader trek. "Ai, ek het waarlik lanklaas so lekker gelag," stel sy Veron gerus en vee die meerderheid van trane weg. Veron besef dat Lonika se lagbui na aan histerie grens en kyk haar vriendin bekommerd aan. "Is jy ok?" vra sy besorgd. "Natuurlik is ek," antwoord Lonika glimlaggend en verskans die seer wat rou in haar binneste lê. Sara glimlag stil as sy die skinkbord op die tafeltjie neersit. Veron gooi gemoedelik vir Lonika twee opgehoopte teelepeltjies suiker in haar tee en voeg 'n bietjie melk by voordat sy dit aan haar oorhandig. Lonika verwelkom 'n warm koppie tee en neem dit dankbaar by Veron. Sy sluk gretig aan 'n slukkie voordat sy opspring en 'n pakkie roomkoekies uit die kombuiskas gaan haal. Sy skeur die pakkie oop en hou vir Veron sodat sy daarvan kan neem. Sy sit twee in haar eie piering en plaas die pakkie in die skinkbord. "Jy's goed vir my," erken sy opgewek teenoor Veron, dankbaar dat sy kom kuier het. Veron knik en swyg wyslik. "Sy sal my in haar vetroue neem wanneer die tyd reg is," dink sy saggies.

Die telefoon lui skril deur die huis nadat Veron vertrek het. Lonika drafstap studeerkamer toe en tel die gehoorstuk op. "Hallo, dis Lonika," antwoord sy beleefd. "Hi, ek is oppad huis toe," hoor sy Wilhelm se stem. "Is Sara nog daar?" vra hy. "Nee, sy het alreeds geloop," antwoord Lonika onseker. "Is daar iets wat sy moes doen?" "Nee, nee," hy huiwer. "Ek wil jou vanaand bederf," praat hy vinnig, dubbelsinnig. Lonika frons. "Toemaar jy sal sien," antwoord hy voordat sy kan vra. "Sien jou later." Hy groet en lui af. Lonika loop stadig, onrustig deur die huis. Die boerboel lê oudergewoonte in die laatmiddag son by die agterdeur. "Ons het lanklaas vir die Silwerhings gaan kuier," gesels sy paaiend en vryf die hond se kop. Sy lag saggies. "Ek weet nou nog nie wat sy naam is nie, óf joune," besef sy aarselend en lig sy kop vermakerig op. "Dis nie goed nie," spot sy en neem haarself voor dat sy vanaand vir Wilhelm sal vra.

Die hek kraak effens as dit oopgestoot word en Lonika weet dat Wilhelm tuis is. Sy staan op en skakel die ketel aan. Sy huiwer by die kombuistoonbank, nie seker wat om te verwag nie en haal twee bekers van die rak af. Wilhelm kom met 'n klein pakkie in sy hand by die agterdeur ingestap. "Hallo," groet hy opgewek en soen Lonika vlugtig op haar mond. Lonika kyk met afwagting na hom. "Ek gaan vir jou 'n heerlike warm bad voorberei," sê hy opgeruimd en vermy haar blik. "Waarom?" vra Lonika nuuskierig. "Sodat jy kan ontspan," antwoord hy. "Jy verdien dit," voeg hy by en stap die gang af hoofslaapkamer toe. "Moet ek iets maak om te eet?" roep sy agterna, onseker van wat sy moet dink van sy voorneme. "Nee, klaar geëet!" antwoord hy hard terug. Lonika kyk hulpsoekend na die boerboel en trek haar skouers vermakerig op. "Dalk wil hy opmaak," antwoord sy namens die hond en stap na die hoofslaapkamer toe. Dit ruik aanloklik as die warmstoomborrels en gemengde kruie die vertrek vul. Sy stap die badkamer binne. Hy merk haar op, neem haar japon en plaas dit saggies in haar hande. "Toe," nooi hy opgewek. "Trek uit, klim in die bad terwyl ek vir jou 'n ontspanningsdrankie gaan maak," beveel hy lieftallig. Lonika verwelkom sy vriendelikheid en neem haar japon by hom. Hy verlaat die vertrek. "Miskien is dit sy manier om verskoning te vra," dink sy meer oortuigend. "Was die bankfinansiering en Aliske se weggaan die enigste oorsaak van sy gedrag?" redeneer sy. "Dalk sal hy my nou aanvaar met my swangerskap en moontlik verskoning vra vir sy afskuwelike opmerkings," sê sy sag, hoopvol. Sy glip in die skuimende warm water in en besef dat dit buitensporig warm is. Sy voeg 'n klein bietjie koue water by. "Die idéé is dat jy moet ontspan in heerlike wàrm water," sê Wilhelm gemaak streng en draai die koue kraan toe. "Dit is baie warm, Wilhelm," kla Lonika. "Dit moet wees," paai hy en oorhandig 'n lang glas met kokende vloeistof daarin, aan haar, "'n warm wintersdrankie vir 'n skone prinses," sê hy glimlaggend. Lonika neem die glas by hom. "Dis warm," sê sy en sit dit vinnig op die rand van die bad neer. "Vat die glas aan sy oor," beveel Wilhelm effens ongeduldig. Lonika doen soos wat Wilhelm voorgestel het. "Waar's joune?" vra sy oor die rand van die glas terwyl sy dit versigtig na haar mond toe bring. "Ek drink milo," antwoord hy opgewek. "Dit ruik na lewensessens," sê sy saggies, wantrouerig. "Ja, daar is 'n bietjie lewensessens in, dis blykbaar goed vir spanning," paai hy lieftallig. Lonika kyk hom ingedagte aan terwyl hy op die kant van die bad sit en aan sy milo drink. "Jy moet alles drink. Dit sal jou heerlik laat slaap," moedig hy haar aan. "Waar het jy die raad gekry? vra sy belangstellend. "By een van die vroue reps, blykbaar is dit goed vir swanger mammas wat aan slaaploosheid lei," antwoord hy gemoedelik en spring haastig op as hy Stephan se stem in die gang hoor. "Hi! Is julle hier?" roep Stephan. Wilhelm stap vinnig uit en ontmoet Stephan in die gang.

Lonika sak dieper onder die skuim in. Sy hoor Wilhelm onverwags in die kamer praat: "Sy's in die bad, met 'n gesondheidsdrankie." Daar heers oomblikke van stilte in die kamer. Wilhelm kom staan in die badkamerdeur terwyl hy na Lonika kyk. "Sê tog net hallo vir jou swaer, hy wil weet of jy ok is." Lonika merk dat Wilhelm geïrriteerd is. "Hallo swaer," groet sy laggend, "ek word konsuis bederf!" stel sy Stephan gerus. "Sien jy," sê Wilhelm kwaai, vermakerig aan Stephan en verdwyn uit die badkamer deur uit. Sy hoor hoedat die mans gedemp praat en die slaapkamer verlaat. Dit is nie lank voordat Wilhelm terug is en op die kant van die bad kom sit nie. "Mooi!" prys hy. "Jou glas is al half gedrink." Hy druk sy hand in die bad en tap nog 'n bietjie warm water by. "Wat is die boerboel se naam?" vra Lonika belangstellend met 'n sleep tong. "Wagter," antwoord Wilhelm minder vriendelik. "Ek voel warm en vreeslik moeg, Wilhelm" sê sy lomerig. "Waar voel jy warm?" vra hy effens onbeskof. Lonika staar na sy wasige voorkoms en frons. "My hele lyf is warm, en ek wil slaap," kerm sy opstandig. Hy steek sy hand in die water en vee die skuim wat op die oppervlakte lê eenkant. Hy kyk waarnemend na haar buik. Sy sit regop. "Ek wil uitklim," kla sy sleeptong en beur orent. "Sit nog 'n rukkie en ontspan," beveel hy. "Nee," antwoord sy hardkoppig en hou aan die kant van die marmerwasbak vas terwyl sy opstaan, uit vrees dat sy moontlik kan val. Wilhelm staan ook op. Sy gluur kwaai hulpsoekend na hom. Hy kyk haar opsommend aan, vat haar japon en druk dit kru in haar hande. "Nou goed dan," sê hy kil. "Jy waardeer in elk geval niks." Hy loop uit die badkamer uit. Lonika trek haar japon aan en stut haar teen die deurkossyn, hou krampagtig aan die deurhandvatsel vas en skuur teen die ingeboude klerekasdeure totdat sy op die bed inmekaar krimp. Sy voel dodelik moeg en trek die punte van haar japon stywer om haar enkels om die koue uit haar liggaam te hou. Sy voel hoedat sy wegsink in 'n diep donker tonnel terwyl haar liggaam van koue bewe. Sy hoor Wilhelm se stem iewers in die agtergrond en voel hoedat hy oomblikke later 'n warm dik kombers oor haar koue liggaam gooi. Hy stap uit en trek die deur hard agter hom op knip. Lonika bly alleen agter in haar stryd tussen werklikheid en die beswymende vingers wat haar gulsig in die duisternis inwurg.

Die telefoon lui lank en aanhoudend. Lonika skrik wakker. Haar kop voel swaar en olik. Sy hou haar oë toe terwyl sy die gehoorstuk met haar hande voel. "Hallo," antwoord sy krakerig sag met 'n onaangename smaak in haar mond en 'n onwillige swaar tong. "Hallo," antwoord Wilhelm. "Slaap jy nog?" Lonika besef meteens dat dit alreeds laatoggend is as die son skerp deur die gordyne skyn. Sy maak onmiddellik weer haar skrefiesoë dig toe. "Hoe laat is dit?" vra sy siekerig. Hy ignoreer haar vraag. "Ek wou jou nie pla nie, jy het so lekker geslaap. Hoe voel jy nou?" vra Wilhelm belangstellend. "Beter, dankie," antwoord sy onseker. 'n Oomblik se stilte heers aan die anderkant van die lyn. "Wat het jy in die drankie gesit?" vra Lonika as sy helderder kan dink. "Dit was gesonde kruie tee, om jou te laat ontspan," sê hy kwaai. "Nee," stry sy. "Daar was lewensessens in." Wilhelm lag hard spottend. "Jy verbeel jou." Dan sluit hy die gesprek paaiend af: "Rus nou verder, ek sien jou later." Hy sit die gehoorstuk terug op die mikkie en staan nog etlike minute voordat hy die volgende oproep maak. "Jou raad het nie gewerk nie," sê hy as die ander persoon sy oproep beantwoord. Hy gesels nog 'n rukkie. Sy bui het bedaar. Hy sit die gehoorstuk terug op die mikkie en sak teen sy leerstoel terug. Hy staar nikssiende by die venster uit.

SESTIEN

Dit is vir Lonika nie meer vreemd dat Welhelm saans na elf tuis kom of soms glad nie. Die meeste van die tyd is hy dronk. Dit gebeur ook gereeld dat hy selfs naweke wegbly of die boot uitneem en haar nie saamnooi nie. Sy huil haarself baie keer in die aande aan die slaap en dwaal deur die huis om seker te maak dat al die deure gesluit en die gordyne dig toe getrek is. Sy verkies om in Lanie se kamer te slaap. Dit voel veiliger. Wilhelm praat net met haar wanneer dit nodig is. "Ek vat vanoggend die bakkie. Ek het vir jou 'n kar waarmee jy kan rondry," sê hy. Lonika knik. "Waarheen sal ek tog ry?" vra sy ingedagte. Hy stap uit die kombuis uit. Lonika drink haar koffie tydsaam. Sy voel deesdae baie beter, veral as sy terug dink aan die voorval met die badwater en die gesondheidsdrankie. Sy was vir dae aaneen geweldig slaperig en olik. "Die naarheid is darem ook nou aansienlik minder," dink sy sag. Sy stap sonkamer toe en skuif die glasdeur oop. Sy merk dat die seisoen stadig verander. Sy staan stil in die deur en kyk oor die swembad uit. Daar is 'n strepie son wat oor die teëloppervlakte van die sonkamer skyn. Dit versag haar gemoed. Sy dink aan haar swangerskap en die onsekerheid van hulle toekoms.

Wagter sluip by die skuifdeur in en maak homself op die vloer by haar voete tuis. Lonika laat hom toe om in die huis in te kom as Wilhelm nie tuis is nie. Sy weet hy sal ontevrede daarmee wees. Sara maak die agterdeur oop. Lonika glimlag innerlik dankbaar. Sara se stil bewegings deur die huis laat haar na haar ouerhuis verlang. Sy voel beskut met Sara en Wagter in haar omgewing. Haar oë gly opsommend oor die groot gerieflike vertrekke met al die bykomstige luukshede. Dit verryk nie haar leë gemoed nie. Sy staan tydsaam van die sonnige rusbank af op en stap na haar klavier toe. "Wanneer het ek laas gespeel," dink sy as sy haar vingers oor die klap van die klavier streel. Sy maak dit stadig oop en trek die stoeltjie uit. Sy glimlag sag as sy voor die klavier inskuif. Wagter hou haar opsommend dop en versit sy pote sodat hy lank uitgestrek oor die vloer lê, sy bruin oë rustend op haar asof hy haar wil bemoedig om die dorheid van haar siel oor die klanke van haar verwagtinge te ledig. Lonika plaas haar vingers geboë oor die wit klawers. Haar skouers ontspan, haar polse in lyn met haar onderarm, haar vingers lig rakelings oor die soepelheid van voortvloeiende klank wat die vertrek in harmonie omhul. Haar liggaam buig statig krom na vore as nat spatseltjies trane tussen die gleuwe van wit- en swartnote ingly. Haar ritme word dringender, heftiger, bruusk, polse swaarder, arms gelig as sy haar kop in maat van haar angstigheid teen die witplafon uitgil. Sy sluit haar oë, stuur haar gedagtes, voer dit weg, daar waar sy wiegend met die begeerte van 'n klein bondeltjie wese in haar arms tussen die koringgrasstoppels hardloop en lag, waar die vlinders van die lug speels tussen hulle hare druppeltjies dou kom steel. Die klanke word sagter, rustiger en haar gemoed word verryk met die teenwoordigheid van iets heiligs, dít wat erkenning gee vir wat sy ís.

Sara sit die skinkbord met tee bykans onhoorbaar op die koffietafel neer. Sy staan eerbiedig stil as die wonder van die atmosfeer die reinheid van haar siel bekoor. Lonika draai saggies tevrede om. Hulle oë ontmoet. Woorde het die swanger oomblik vereer en skuiling gaan soek waar dit nie nodig is om te spreek nie. Sara draai eerwaardig om en stap kombuis toe. Lonika skink haar tee en skuif tussen die kussings op die rusbank in. "Ek sal privaat klavierlesse aanbied," besluit sy en neem haar voor om 'n afspraak te maak met die skoolhoof by Betsie Verwoerd Laerskool wat regoorkant Wilhelm se motorhawe is.

Lonika ruik heerlike gekookte kos as sy die laaste van haar musiekboeke deurblaai wat sy op die mat in die woonkamer uitgepak het. Sy besef dat sy weke laas 'n goeie bord gesonde groente genuttig het. Sy stap honger kombuis toe. "Ek het vir Mevrou tafel gedek in die eetkamer," nooi Sara vriendelik. "Dankie Sara, ek's vreeslik honger," bevestig sy laggend. "Weet jy of Meneer huis toe kom?" vra sy op haar pad eetkamer toe. "Ek het meneer se bord in die oond gesit mevrou," antwoord sy gerusstellend. Lonika is tevrede en trek haar stoel uit. Sy sit gemaklik en buig haar hoof eerbiedig terwyl sy saggies die dank uitspreek. Sy eet rustig en lank. Sy dek vlugtig af sodra sy klaar is en stap rustig na die hings se kamp toe. Sara is besig in die strykkamer. Wagter draf agter haar aan. "Toe kom ou grote, ons gaan kyk of Silwer vars water het," lag sy opgewek en stap met die klein grondpaadjie langs totdat sy by die hek van die kamp kom. Die hings merk haar op, pronk en drafstap nader. Hy buig sy kop laag sodat sy hom kan streel. Sy lag innemend. "Een van die dae is die gras weer heerlik groen en sappig," beloof sy as sy die kraan oopdraai om die waterbak op te vul. Sy vertoef nog 'n rukkie dan stap sy terug huis toe. Wagter se skuimbek hang oop. Lonika lag en vul sy waterbak op. Sy stap daarna studeerkamer toe en plaas haar bestelling by die slaghuis sodat sy dit kan optel as sy Sara winkel toe vat om 'n paar kleinighede vir haar eie huishouding aan te koop.

Lonika trek die ouer model Datsun Stanza 1.6 uit die motorhuis wat Wilhelm vir haar gelos het. Sy hou nie van die donkerblou kleur nie. Sy merk teensinnig dat daar ook 'n paar sigbare duike op die bakwerk is. "Vir eers moet dit doen," dink sy. Sara maak die hek agter hulle toe en klim langs Lonika in die kar in. Lonika trek stadig weg. Die motor voel vreemd. Sy ry 'n gemiddelde spoed op die nou teerpad tussen die kleinhoewes deur. Die stuurwiel voel los. Sy stop by die stopstraat wat in die hoofpad tussen Westonaria en Randfontein indraai. Sy moet meer krag op die rempedaal uitoefen om die voertuig te stop. Sy voel senuweeagtig. Sy ry stadiger en ondervind as sy die stuurwiel draai dat die voorste wiele eers na momente daarop reageer. Sy besef dat sy die stuurwiel dus verder moet swaai voordat die wiele draai. Sy soek 'n veilige parkering voor die winkel en die slaghuis. Sara stap flink winkel toe. Lonika neem haar bestelling by die slaghuis in ontvangs en betaal met die kredietkaart wat Wilhelm vir haar gegee het. Sy groet vriendelik en stap bekommerd, senuweeagtig na die motor toe. Sy klim in en wag dat Sara klaarmaak met haar inkopies. 'n Rukkie later skuif Sara haar pakkies op die vloer van die agterste sitplekke in. "Dankie mevrou," sê sy beleefd as sy voor by Lonika inklim. Lonika ry stadig en onseker tot by die huis. Sara maak die hek en garagedeur oop. Lonika trek in die motorhuis in, neem haar handsak en pakkies en sluit die agterdeur oop. Sara se jong seun loop om die hoek van die opwaskamer as hy Lonika merk en groet skaam. Hy gaan na Sara toe om haar te help met haar pakkies. Hulle gesels ligtelik. "Totsiens Mevrou," groet hulle en stap weg.

Dis laataand toe Wilhelm tuis kom. Lonika skakel die ketel aan en staan by die kombuistoonbank as hy instap. Sy groet beleefd. Wilhelm kyk skaars in haar rigting en groet onbeskof. Hy stap kamer toe. "My stuurwiel is los en die remme vat lank voordat dit inskop," kla sy terwyl sy agter hom aanstap. "Jy verbeel jou," sê hy skor. "Ek verbeel my nie," antwoord sy opstandig. Hy draai skielik om en kyk haar kwaai aan. "Vroumens, waardeer jy dan niks wat 'n mens vir jou doen nie" gil hy en gooi sy hande magteloos in die lug. Lonika staar hom stom aan. Hy sug en stap verder die gang af. "Jou kos is in die oond," tart sy hom moedswillig. "Ek't klaar geëet," antwoord hy sagter terwyl hy verder stap. "Ek wil môre die skoolhoof gaan sien om musiekklasse aan te bied," gaan sy voort met die gesprek om te verhoed dat hy die deur in haar gesig toeklap. Hy stop weereens vinnig voor haar en swaai om terwyl hy geskok uitroep. "Jy wil wat....!?" Lonika besef sy het te ver gegaan om 'n gesprek met hom te ontlok en sê saggies. "Ek wil musiekklasse aanbied by die Laerkool as hulle 'n opening het." Sy wag angstig op sy goedkeuring en hou sy gelaat dop om te sien of hy enigsins haar voorstel sal oorweeg. "Nee," sê hy ferm en klap die deur toe. Lonika staar na die toe deur en vou haar hande om die deurknop. Sy huiwer vir 'n oomblik voordat sy teleurgesteld omdraai en na Lanie se kamer toe stap. "Ek sal môre 'n manier vind om met pappa te praat om na die kar te kyk," dink sy vasbeslote.

Dis vroegoggend toe Wilhelm Stephan bel. Lonika se

badkamerdeur staan oop toe sy die kraan toe draai. "Boetman kry jou reg. Ons gaan vandag veiling toe. Die vloer kort nuwe karre," hoor sy Wilhelm praat. Sy trek die deur saggies opknip. Dit neem nie lank voordat sy Wilhelm hoor vertrek nie. Sy klim rustig uit die bad, verklee in 'n los langbroek en oorhang trui en grimeer liggies. Sy wag nog 'n rukkie voordat sy haar handsak neem en die agterdeur sluit. Die tuinman maak vir haar die hek oop en wag dat sy ry voordat hy weer die hek toetrek. Lonika ry stadig en versigtig. Sy besef dat die kar onveilig is en dat sy haar nie verbeel het nie. Die remme is gevaarlik laag en die stuurwiel is baie los. Sy trek versigtig by die werkswinkel in. Haar vader stap haar vriendelik tegemoet. Sy verduidelik kortliks aan hom wat fout is nadat sy gegroet het. "My liewe magtig meisiekind, die moere van die wiele is nie eers behoorlik vasgedraai nie," sê hy ontsteld en draai een skroef met sy hand uit. "Ek het vir Wilhelm gesê ek wil eers deur die voertuig gaan, maar nee, die koper van die bakkie was alreeds daar en daar was nie tyd nie!!" roep hy kwaad uit. Hy kyk opsommend, bekommerd na Lonika. Dan sug hy en haal die wiele een na die ander af. Lonika stap stil kombuis toe en maak vir hulle koffie. Oom Dewald is besig by sy lessenaar. Sy neem die koffie werkswinkel toe en gaan sit op een van die los stoele wat daar staan. Haar pa neem sy koffie by haar. "Wie is die blonde vroumens wat so gereeld hier kom?" vra hy vertroulik terwyl hy onderlangs na Lonika kyk. "Ek weet nie Pappa," antwoord Lonika magteloos en kyk weg. "Ek sal met die man moet praat." "Nee, asseblief pappa...," smeek Lonika dringend. "Wel, sy is baie gemaklik met hom. Sit selfs op sy skoot as sy hier is." Lonika voel hoedat haar wange verkleur. Daar is stilte terwyl haar pa die remskoene vervang en al die wiele nagaan. Hy neem die voertuig vir 'n toetsrit om die blok, laat die motor luier voordat hulle groet. "Jy sal my sê as dinge handuit ruk," sê-vra haar pa bekommerd sag. Lonika knik liggies en glimlag as sy opkyk in haar pa se beskermende gelaat. Sy sit haar hand bevestigend op haar pa sin en vertrek met die blywende wete dat haar ouers se beskerming haar vergesel.

Die motor voel veilig en Lonika stop op haar pad uit die dorp uit om vir Wilhelm 'n verjaarsdaggeskenk te koop. Sy is nie seker watter tipe tabak Wilhelm gebruik nie en besluit om vir hom 'n leer pyptabak houer te koop. Sy kies 'n bypassend verjaardagkaartjie en skryf daarin "13 Augustus 1983. Baie geluk met die herdenking van jou geboortedag. Mag jou nuwe lewensjaar elke droom oortref en jou mooiste jaar ooit word, gevul met liefde, vrede, vreugde en geluk. Liefde Lonika" Sy plaas die geskenk voor sy bedkassie en stap tevrede weg. Sy neem 'n verfrissende bad en klim in die bed. Sy lees 'n stukkie voordat sy rustig aan die slaap raak. Sy droom Wilhelm loop uit hulle slaapkamer. Sy sit op haar bed in Lanie se kamer en sien hoedat hy stadig loop en ouer word met elke tree wat hy gee. Toe hy verby haar kamer loop sonder om na haar te kyk, sien sy dat hy vreeslik oud en krom sukkelend loop en soos 'n baie ou man lyk totdat hy om die hoek van die kamer verdwyn, Lonika skrik wakker. Dit is vroegoggend.

SEWENTIEN

Wilhelm stap uit die hoofslaapkamer uit. Sy sit regop in die bed en wag dat hy moet verby stap. Hy klop liggies aan die deur. "Kom binne," nooi sy onseker. Hy draai die handvatsel en stap in. "Môre," groet hy vriendeliker as gisteraand. "Hier is geld. Jy moet Binnelandse sake toe gaan vandag vir jou paspoort," beveel hy en sit die geld op die bedkassie neer. "Waarom?" vra Lonika beleefd nuuskierig. "Ons gaan Swaziland toe, " antwoord hy en vervolg as hy Lonika se onsekerheid merk. "Ek wil môre oggend ry. Moenie huis toe kom as jy nie jou paspoort het nie," sê hy meer vriendeliker. "Maar hoekom?" vra Lonika agterdogtig. "Omdat ons 'n vakansie kort," antwoord hy streng en kyk haar direk aan. "Ek het klaar die besprekings gedoen, ons ry môre oggend," sê hy gemaak streng en soen haar vlugtig op haar wang voordat hy uitstap. Lonika staar hom verward aan. Sy wag totdat hy vertrek het, staan op en maak gereed om Binnelandse sake toe te gaan. "Miskien sal dit my die geleentheid gee om met hom te praat oor ons toekoms, of eerder, mý toekoms," dink sy.

Sy ry veilig en kry parkering naby die gebou. Sy wag haar beurt af en stap flink na die dame by die toonbank wat haar geroep het. "Ek moet asseblief my paspoort vandag bekom. Ons vertrek môre oggend Swaziland toe. Sal jy my asseblief daarmee kan help?" smeek sy desperaat. "Dit gaan ekstra kos," waarsku die dame. "Dit is reg. My man het genoeg geld gegee om voorsiening te maak daarvoor," bevestig Lonika en oorhandig haar paspoortfoto's en aansoekvorm aan die dame. "Gelukkig is sy vriendelik en hulpvaardig," dink Lonika. Die dame glimlag en wys 'n houtbankie aan waar Lonika kan sit terwyl die aansoek verwerk word. Lonika is moeg gesit en versit haar sitvlak na etlike oomblikke om die hardheid van die bankie ligter te maak op haar lyf. Sy staan na 'n wyle op en staan langs die bankie. Iemand anders neem haar sitplek. Die dame by die toonbank glimlag vir haar en knik sodat sy kan nader kom.

Lonika is verlig as sy die paspoort aan haar oorhandig. Sy betaal en stap uit. Dit is laatmiddag. Sy is haastig om tuis te kom.

Sy trek net na Wilhelm in die motorhuis in. Wilhelm klim uit sy motor uit. "Hallo," groet hy opgewek. "Haai," antwoord Lonika terug en sluit die motor se deur. Sy merk dat Wilhelm belangstellend na die motor kyk. "Dit lyk of jy met die ding regkom?" vra hy belangstellend. "Ons kom oor die weg," antwoord sy glimlaggend en stap vinnig vooruit kombuis toe. Sy vryf Wagter speels oor sy rug, bly dat Wilhelm nie verder oor die kar uitvra nie. Hy sluit die agterdeur oop en staan eenkant sodat sy kan instap. Sy plaas haar handsak op die toonbank en skakel die ketel aan. Sy is honger en moeg. "Het jy al iets gehad om te eet?" vra sy vriendelik. "Nee," antwoord hy en haal 'n pakkie wors uit die vrieskas. "Wors en eiers vir vanaand," sê hy triomfantlik en trek 'n braaipan nader. Lonika kyk hom berekenend aan. Hy glimlag. "Waar's jou paspoort?" vra hy. "In my handsak." Sy maak die ritssluier oop en haal haar paspoort uit. Sy gee dit vir hom. "Ghmmff," sê hy en trek sy mond sarkasties in 'n boog. "Jy lyk nogal beskeie." Lonika is nie seker wat hy daarmee bedoel nie en neem die paspoort sag, streng uit sy hande. Sy plaas dit terug in haar handsak. Sy glimlag afkeurend vir sy opmerking en neem haar handsak na haar kamer toe. Sy stap terug kombuis toe en gooi die warm water en melk in die koffiebekers. Sy haal blaarslaai, tamatie, komkommer en fetakaas uit die yskas om vir hulle Griekse slaai te maak. Wilhelm draai die wors om en bak eiers in dieselfde pan. Hulle drink hulle koffie in stilte. Lonika haal twee borde uit en sit dit op die toonbank neer. Sy skep vir Wilhelm wors en eiers in en plaas slaai in haar bord. Sy ondervind 'n gevoel van volheid in haar buik en haar eetlus het verminder. "Ek voel in elk geval opgeblaas na 'n groot maaltyd," dink sy. "Hoe lank gaan ons weg wees?" vra sy belangstellend sodat sy daarvolgens kan inpak. "Ek het vir drie dae bespreek," antwoord hy effens afsydig. "Dis nie nodig om padkos óf padklassiek óf 'n padtassie saam te vat nie. Ek het vir alles gesorg," terg hy sinies as hy deur die etery praat. Hy lag saggies. Lonika is nie seker wat om van sy opmerking of houding te dink nie. "Verskoon my," sê sy sag en plaas haar bord in die wasbak. Sy stap ingedagte kamer toe en haal 'n kleinerige tassie uit.

Hulle nader die grenspos van Swaziland. Die sonnetjie het skelm deur die vensterruit gekruip en rusplek op Lonika se skoot gevind. Die atmosfeer is rustig terwyl klassieke musiek in die agtergrond hulle op die reis vergesel. Lonika voel ontspanne. Wilhelm is in 'n opgewekte bui. Hy gesels nie veel nie, maar lyk ontspanne. Lonika wil hom nie ontstel nie en besluit om later haar onsekerhede met hom te deel. *"Where are you going, sir?"* vra die doeanebeampte *"To the Happy Valley Hotel, close to the Casino,"* antwoord Wilhelm en haal die bewys van bespreking uit. Die doeanebeampte neem dit belangstellend en stempel die paspoorte. Hulle gesels nog 'n rukkie en handel die formaliteite af voordat hy die paartjie 'n veilige reis toewens. Wilhelm trek stadig weg en laat die Nissan Leopard se enjin saggies luier terwyl hulle stelselmatig in Niemandsland, tussen die twee lande, beweeg. Hulle bereik nog 'n hek en 'n klein sementgeboutjie op die regterkant. Hulle paspoorte word vir 'n tweede keer gestempel. Lonika merk dat Wilhelm effens senuweeagtig voorkom en sy ongeduld onderdruk. Hy betaal die verlangde ZAR en hoofwegbelasting voordat hulle voortspoed Manzini toe, die grootste stad in Swaziland en ook die hoofstad van die land. Manzini is die bynaam vir *"The Hub"* van Swaziland en is op die MR3-pad geleë.

Wilhelm merk dat Lonika die inligting op die besprekingprofiel belangstellend lees. *"The hub"* beteken in Afrikaans die spilpunt, as jy nie geweet het nie," antwoord hy ingenome, bereid om inligting met haar te deel. "Die spilpunt?" vra sy skepties belangstellend in die hoop dat hy haar meer kan vertel. "Die spilpunt, die belangrikste industriële gordel van die stad, die hartklop van Swaziland. Waar dinge gebeur," antwoord hy en rek sy arms triomfantlik reguit op die stuurwiel asof sy gedagtes gevul is met onvoorspelbare verwagtinge. Lonika kyk hom skepties aan en besluit om wyslik te swyg. Sy staar by die venster uit. "Hou my onder U beskerming," pleit sy saggies. Wilhelm hou haar onderlangs dop.

Lonika merk die verwaarloosheid van die land en vermy Wilhelm se waarnemende blik. Hulle ry in stilte voort. Die stad is oorlopens toe vol met verskillende voetgangers wat onbeheersd oor klein besige paaie kruis. Voertuie druk voor ander in en blaas toeters. Robotte wissel vinnig tussen rooi en groen en ongeduldige bestuurders spoed verby mekaar terwyl hulle een strook deur op hulle toeters druk. Lonika voel 'n naarheid wat vanuit haar boonste abdominale maagwand plek-plek opstoot sodat sy na willekeur dit terugdwing, deur vinnig klein slukkies water uit die waterbottel te neem. Wilhelm merk haar ongesteldheid as haar gelaat aansienlik verbleek. Hulle bereik die Hotel veilig. "Bly sit terwyl ek gaan inboek, ek sal jou kom haal," beveel hy sag, besorgd en plaas sy hand beskermend op haar bobeen. Lonika verwelkom sy sagmoedige gebaar en verlangende trane bedek die oppervlakte van haar oë. Sy kyk af sodat Wilhelm nie haar hartseer opmerk nie en knik saggies instemmend. Wilhelm is spoedig terug en haal hulle bagasie uit die kattebak uit.

Lonika klim uit die motor en trek haar asem diep in sodat sy van die oorweldigende naarheid kan ontslae raak. Sy staan vir 'n oomblik en kyk oor die pragtig versorgde tuine. Die lug is skoon en die omgewing lê astronomies oopgevlek voor haar, bedek met groot oppervlakte diepgroen grasperke. Sy ruik die varsheid daarvan. Wilhelm sit die tasse neer en kom staan langs haar. "Ek kan nie glo dat uit daardie miernes, so 'n pragtige wonderskoon van iewers kan ontluik nie," sê sy bewonderend. Hy kyk haar stil innemend aan. "Net soms vul sy my gemoed, maar haar lewenservarings is beperk," dink hy stil en tel die tasse weer moeisaam op. Lonika voel sy gees aan en stap swyend langs hom na hulle kamer toe. Sy besef instinktief dat die sogenaamde vakansie nie was sodat Wilhelm kon rus óf dit nodig gehad het nie, maar dat dit om haar gaan. Sy neem haar voor om elke oomblik wat haar insluit oordeelkundig te betree en dit met versigtigheid te benader.

Wilhelm bestel laat-middagete terwyl sy hulle bagasie uitpak en versorg. Sy trek die gordyne intussen wyd oop en skuif die glasdeur opsy sodat die varsheid van die buitelug hulle wooneenheid vul. Wilhelm handig 'n fooitjie aan die kelner en hulle eet in stilte, elk besig met sy eie gedagtes. Lonika peusel aan haar slaai en plaas haar bord terug op die trollie. Sy verskuif die kussings op die groot bed en gaan lê op haar rug sodat haar voete op die stapel kussings rus. Wilhelm trek sy skoene uit en neem langs haar plaas. Dit neem hom nie lank voordat hy slaap nie. Lonika kyk by die groot glasdeure uit en gly haar hand saggies oor haar buik. Sy is nie seker wat 'n swangerskap insluit en wat regtig van haar verwag word nie. Sy besluit om Veron in haar vertroue te neem as hulle weer tuis is. Sy merk 'n klein brosjure langs haar bed en lees 'n paragraaf voordat sy haar oë toemaak en in 'n rustige slaap verval.

"Swaziland is 'n klein monargie met 'n land geslote in Suider-Afrika, bekend vir sy wildernisreservate en feeste wat die tradisionele Swazikultuur vertoon. Die Lebombo-berge is 'n agtergrond vir vele staproetes van Mlawula-natuurreservaat, met sy noordoostelike Mosambiekgrens wat strek na Suid-Afrika. Hlane Royal National Park is die tuiste van uiteenlopende natuurlewe, waaronder leeus, seekoeie en olifante........"

Wilhelm laat Lonika rustig slaap en staan saggies op terwyl hy sy skoene aantrek, sy hare borsel en die deur op knip trek. Lonika het diep geslaap en draai op haar sy as haar oë stadig, lomerig oopgaan. Sy is vir 'n oomblik paniekbevange as sy die vreemdheid van die vertrek merk maar die rustige atmosfeer laat haar onmiddellik weer ontspan. Sy merk 'n nota op die bedkassie. "Ek is in die kroeg, sien jou later." Lonika frons. Sy skuif na 'n paar minute van die bed af, neem 'n verfrissende stort en trek 'n skoon loshangende rokkie aan. Sy besluit om in die tuine te gaan stap. Sy skryf onder Wilhelm se nota. "Ek's in die tuin, net bietjie gaan stap. Sien jou later," dan stap sy opgewek uit onderwyl sy die toegangskaartjie van hulle kamerdeur in haar rok se sak druk, nie seker hoe laat sy Wilhelm terug kan verwag nie. Sy stap ligvoets met die trappies af na onder. Sy is gefassineer deur die tendens wat hotelle het om rooi, dik matte deel van hulle dekor te maak. "Indrukwekkend," fluister sy opgeruimd as die gedagte by haar posvat dat sy inderdaad 'n internasionale gas in die buiteland is. "Al is dit digby Suid-Afrika," giggel sy sag ingenome, ondeund. Sy stap in die voetpaadjies wat met plaveisel bedek is en lees die bordjies wat op die verskillende boomsoorte staan *"The pioneer species are indigenous Acacia species, shrubs and a bit of Acacia mearnsii in Bulembu."* Sy huiwer as sy die inligting lees en besef dat daar verskillende geskiedkundige inligting ten opsigte van plantsoorte in haar wandel ingesluit is.

Lonika stap belangstellend dieper die wandelpad tussen die bome in. Sy lees die een kennisgewing bordjie na die ander en merk 'n bankie wat tussen twee Euphorbiacea bome staan. Sy stap daarheen en gaan sit. Sy vertaal die bordjie wat langs die wandelpaadjie staan terwyl sy rustig op die bankie ontspan. *"Altesaam 3678 planttaxa is in die land aangeteken en die groot moontlikheid bestaan dat daar ongeïdentifiseerde spesies kan voorkom. Daar is bekend dat twaalf endemiese plante en 'n enkele endemiese reptiel in die land voorkom. Die biodiversiteitsbronne van Swaziland het 'n groot kulturele en ekonomiese belang."* "Dis interessant" dink sy. Sy verwelkom die inligting wat sy by voorneme is om later met Wilhelm te deel. Sy luister na die verskillende geluide wat tussen die bome heers en lig haar kop sodat die son se straal oor haar gelaat sprei. Dit boei haar gemoed en vul haar met innerlike vrede. Sy stap na 'n hele rukkie tydsaam terug na die hotelkamer as sy merk dat dit vinnig skemer word.

Wilhelm stap ver na elf in die hotelkamer in. Hy lyk ontsteld en val langs haar op die bed neer. Sy kan ruik dat hy heelwat gedrink het. Sy laat hom begaan terwyl hy met sy klere aan die slaap raak. Sy trek sy skoene versigtig uit sodat sy hom nie wakker maak nie. Sy skakel hulle slaapkamer lig af. Haar oë val op 'n gefrommelde ou stukkie koerant waarop 'n nommer met pen geskryf staan. Sy skakel die stoeplig aan en stap saggies na buite sodat sy dit kan lees. Sy kyk skepties na die nommer maar herken nie die bewerige handskrif of nommer nie. Haar oë gly vlugtig oor die leesbare gedeeltes wat in die berig verskyn. *"A table presents the number of abortions and rates/1000 women aged 15-44 by age and marital status of women and grounds for abortion for the years 1976-83. The total number of abortions performed was 7219 in 1976, 7334 in 1977, 7453 in 1978, 7754 in 1979, 7905 in 1980, 9007 in 1981, 8425 in 1982, and 8419 in 1983. The abortion rate was 6.9 in 1976, 7.0 in 1976, 7.0 in 1978, 7.3 in 1979, 7.3 in 1980, 8.3 in 1981, 7.6 in 1982..."*

Haar ingewande krimp krampagtig ineen en 'n gloed van naarheid wil haar opnuut oorweldig as sy besef waarom Wilhelm haar hierheen gebring het. Sy kyk desperaat na ander bronne van inligting wat op die verskillende berigte verskyn. Meestal moeilik leesbaar, of die res van die berig is afgeskeur, *"because abortions are illegal in Swaziland it is difficult...."* Haar hart verswelg in weemoed as sy die klein onopmerklike berig lees. *"The tragic story of the death of a schoolgirl in Swaziland /eSwatini after she had an illegal abortion highlights the way women suffer because of the law in the kingdom...."* Lonika voel hoedat haar wese onder haar invou as die oppervlakte van die stoep haar grond toe trek. Sy voel-voel aan die stoepreëling sodat sy nie vooroor val nie en trek diep teue vars lug in. Die wind ontmoet haar verwarde toestand en strooi sagte luiers van lug oor haar gemoed. Sy behou haar balans en strek haar liggaam uit terwyl sy haar oë sluit. 'n Kortstondige warrelwind kruip om die hoek van die stoep. Lonika verloor die berig wat sy stewig in haar hand gehou het. Sy skrik en maak haar oë vinnig oop om te sien hoedat die wind die stukkie papier fladderend die hoogte opstoot en ver buite haar sig oor die struike waai totdat dit iewers onbekend land. Sy huil saggies, nie seker of dit gebore is uit teleurstelling of verligting nie. Die besef het uiteindelik tot haar onkundigheid deurgedring dat haar lewe en dié van haar ongebore baba in gevaar is. Sy stap heelwat later die nag terug bed toe en sluk swaar aan die walging wat 'n suur smaaksel in haar kiewe laat.

Wilhelm skrik vroeg die volgende oggend wakker. Hy skud aan Lonika. "Toe staan op ons moet inpak en ry," beveel hy streng. Hy los haar en stort vinnig terwyl hy haar tussenin aanspoor om vinniger klaar te maak. Sy stort ook in 'n haas en trek 'n los langbroek met 'n loshangende bloesie aan. Hy druk 'n trui in haar hand as hy hulle klere in die tasse gooi. Aan sy gesigsuitdrukking besef sy instinktief dat sy hom nie moet kwel met vrae nie en gehoorsaam al sy opdragte. Hulle stap 'n rukkie later na die voorportaal met hulle tasse. *"Good Morning,"* groet Wilhelm gemaak vriendelik. *"We are signing out sir,"* voeg hy beleefd by. *"My wife is sick, I need to get her home."* Hy wys met sy hand in Lonika se rigting wat 'n entjie van hom af staan. Lonika kyk hom ongemaklik aan. Die ontvangsklerk staar ondersoekend na Lonika. *"Yes, she looks pale,"* voeg hy tot Wilhelm se verligting by en wys waar Wilhelm moet teken. Wilhelm neem die tasse en stuur Lonika aan haar elmboog na die voordeur toe. Hy sluit die motor vlugtig oop, plaas die bagasie in die kattebak en help Lonika in die voertuig terwyl die klerk hulle aandagtig betrag. Wilhelm skakel die kragtige enjin van *"Silver Devil"* aan en trek stadig en beheersd weg. "Dit was 'n vinnige vakansie," waag Lonika dit saggies wanneer hulle buite die hoofstad is. "Ek was nie meer lus vir die plek nie," verdedig Wilhelm sku, onderlangs. Lonika laat haar stoel agteroor sak en stut haar kop teen die lening, oorweldig met verskillende gedagtes wat sy verkieslik nie op die oomblik wil absorbeer óf herdink nie. Sy luister na die bande wat op die teer gly. Sy kyk sydelings na Wilhelm. Hy verstel die musiek sodat dit sag in die agtergrond speel. Hy bestuur kundig en vinnig. Hulle beweeg sonder veel moeite deur die grenslyn. Sy merk dat die doeanebeampte frons as hy hulle paspoorte stempel. *"My wife is sick, I have to get her home,"* sê hy ferm en daarmee is hulle veilig terug in Suid-Afrika. Lonika glimlag sinies. "Ek was darem één dag in die buiteland." Sy sluit haar hand om haar buik en laat dit veilig in haar skoot rus. "Dankie...." fluister sy sag.

AGTIEN

Die lente kruip deur die vroeë oggendson en tooi bloeisels aan die gestroopte winterstakke. Klein, sigbare, groen blaartjies weef blymoedig plek-plek en wink die soepelheid van die oggendlug oor die plaveisel van die aarde. Lonika trek haar kamergordyne wyd oop en tart die grysdooie gras wat aanstons groen graspolle sal stoot. "Ontwaak jy wat slaap en staan op uit die dood," sing haar hart opgewek. Sy maak haar bed op voordat sy badkamer toe gaan met die hoop dat Wilhelm alreeds gery het. Sy probeer konfrontasies met hom vermy. Sodra sy seker is dat hy wel vertrek het, skakel sy Veron en nooi haar vir tee. Veron klink opgewek en hulle spreek af om mekaar tienuur by Lonika se huis te ontmoet. Sara stoot die agterdeur oop. Lonika hoor haar in die kombuis neurie terwyl sy die oorblywende skottelgoed was. Sara het die kookkuns op haar geneem en sien toe dat daar op die dae wat sy by hulle werk, gekookte maaltye is. Lonika verwelkom dit. Met dié reëling kry Wilhelm ook 'n goeie bord kos indien hy nie alreeds die dag elders geëet het nie. Lonika trek lig aan met 'n oop oorhang trui, aangesien die lug nog koelerig is.

"Ek het vir ons vla-tertjies gebring," lag Veron stout en druk die tuisgemaakte baksel in Lonika se hande. Sy knipoog ondeund vir Lonika. Lonika lag en rangskik dit op 'n vertoonbordjie. "Ek sal die tee bring," doen Sara aan die hand en daarmee stap die twee dames geselsend woonkamer toe. Lonika verkies die intiemheid van dié vertrek in plaas van die formele sitkamer waar hulle vantevore gesit het, toe Veron ingeloer het. Hulle sit op dieselfde rusbank en draai skuins sodat hulle mekaar makliker kan sien. "Hoe gaan dit met jou?" vra Veron onverwags besorgd en hou altwee Lonika se hande vas. Lonika glimlag verleë. "Dit gaan goed," huiwer sy. Veron kyk Lonika opsommend aan en laat haar hande gaan. "Daardie brombeer van my dink sy ouboet is kêns," grap Veron en Lonika ontspan merkbaar. Sy lag saggies. "Ek dink ook so," bevestig sy vertroulik terwyl sy haar skouers stout oplig. Veron is dankbaar dat Lonika gemakliker voorkom. Sara bring die tee in. "Gaan jy vir middagete bly," nooi Lonika. "Net as jy soetwyn het vir my, en rooi koshuiskoeldrank vir jou," knipoog sy vir Sara. Die dames lag. Sara is bly dat Veron kom kuier het. "Sy beur Mevrou altyd op," dink sy as sy terugstap kombuis toe.

'n Oomblik van stilte heers terwyl Lonika haar keel skoonmaak. Sy kyk haar vriendin direk aan. "Verons, ek is bang." Veron frons, maar gee Lonika geleentheid om verder te praat. "Wilhelm wil nie die baba hê nie," Lonika neem 'n slukkie tee. "Ek is nie eens seker of hy my wil hê nie," sê sy huiwerig en trane gaan lê sag op haar onderste ooglede. "Inteendeel," snuif sy in haar sneesdoekie. "Ek is nie seker of ek hom wil hê, of ooit weer wil sien, as die baba iets moet oorkom nie." Met dié erkenning raak Lonika onbedaarlik aan die huil. Veron skuif nader aan haar vriendin en druk haar kop op haar skouers sodat sy rukkend teen haar boesem uitsnik. Veron laat haar begaan sonder om haar met woorde te troos. Sara verskyn bekommerd in die woonkamerdeur en kyk opsommend na Veron. Veron ontmoet Sara se blik en herken die moederlikheid daarvan. Sara skud haar kop sag, tevrede en verlaat die vertrek ongemerk.

Lonika laat die sluise van ingehoue woede en vernederings oop sodat sy etlike minute later besef dat sy Veron se bloesie met trane deurweek het. Sy snuif sneesdoekie na sneesdoekie nat en bondel dit op 'n hopie langs haar neer. "Wat moet ek doen?" vra sy kinderlik as sy haar selfbeheersing in 'n mate herwin het en snikkend nog 'n sneesdoekie voor haar neus druk. Veron kyk haar ernstig aan. "Dit is nie die tipe man by wie 'n vrou moet bly nie," sê sy sag en ferm terwyl sy Lonika se ken in die palm van haar hand hou sodat die erns van haar woorde by Lonika aanklank vind. Lonika knik begrypend. "Ek sal met my ouers gaan praat," stel sy Veron gerus en besef dat sy daadwerklik geen ander uitweg het nie. Sara neem die halfgedrinkte teekoppies kombuis toe. Sy is tevrede. Die twee ouer vroue se oë ontmoet vlugtig as Lonika uitstap om haar gesig te gaan was. Daar heers 'n gevoel van samesyn, van begrip en vroulike krag in die vertrek. Lonika voel beter maar skaam vir haar onbeheerde tranebui. Sy skuif weer op haar sitplek in en druk 'n kussing oor haar gekruisde knieë. Veron gesels opgewek. Sara bring vars tee. Lonika lag vir Veron se verspotheid en ontspan opmerklik in haar geselskap. "Jy's goed vir my vriendin," sê Lonika deur haar lagbuie en wens dat hulle meermale saam kan kuier. Sara wys dat hulle eetkamer toe kan gaan en skink vir Veron 'n halwe glasie witwyn terwyl Lonika vrugtesap ontvang. "Sara, vandag praat ek met 'n ander ou se bek," terg Veron goedsmoeds as sy na die wyn verwys en Sara laggend die vertrek uitstap. Lonika lag saam. "Jy hoef dit nie te drink nie," sê sy ernstig. "Goeie wyn saam met goeie kos is altyd welkom," stel Veron Lonika gerus.

"Sy is net vir jou 'n speelding," hoor sy Stephan heftig praat in die snoekerkamer. Die *IGI Insurance girl* het jou kop heeltemal deurmekaar," gaan Stephan heftig voort. "Hou Selma hieruit," waarsku Wilhelm streng. "Sy's getroud, Ouboet," praat Stephan sagter. Man dit gaan nie oor haar nie," skreeu Wilhelm skielik en smyt die snoekerstok neer. Hy gluur Stephan woedend aan. Lonika besef sy moet haar vinnig uit die spore maak en drafstap terug huis toe. Sy gaan sit vinnig op die rusbank in die woonkamer terwyl die nuusflitse op die TV wys. Sy hoor Stephan se voertuig na 'n rukkie met 'n spoed wegtrek en besluit om veiligheidshalwe na haar kamer toe te gaan. Wilhelm vloek terwyl hy die hek toestamp en sluit. Wilhelm sluit die agterdeur kru en loop deur die huis terwyl hy die skuifdeur nagaan en die gordyne toetrek. Lonika sluit haar kamerdeur saggies en sit angsbevange op die kant van haar bed. Sy hoor hom verby stap na die hoofslaapkamer toe en sug as hy die slaapkamerdeur toeklap. Sy trek haar nagklere in die donkerte aan en glip onder die lakens in. Sy trek die kombers stywer om haar nek. Sy verlang na die veiligheid van haar woonstel wat sy gehad het in Witpoortjie en besluit om haar ouers môre na werk te besoek. Sy is nog nie seker hoe om die saak aan te voer nie. "Ek wil nie hê pappa moet sy werk verloor nie," dink sy en wonder of dit regtig 'n goeie idee is om met hulle die omstandighede te bespreek. "Miskien moet ek eers kyk vir werk, maar wie wil nou 'n swanger vroutjie in diens neem." Lonika raak aan die slaap terwyl haar gedagtes gevul is met heelwat onsekerhede. Haar buik het ongemerk geswel sodat net sy bewus is van die verandering wat haar liggaam ondergaan het. Haar asemhaling raak diep en reëlmatig.

Die telefoon lui. Lonika drafstap vinnig daarheen met die hoop dat dit die Laerskool is. Sy het vroeër die dag die ontvangsdame gevra om vir haar 'n afspraak met die skoolhoof te maak. Sy het vlugtig verduidelik waaroor die afspraak gaan, ongeag Wilhelm se afkeuring. "Haai, ek kom jou optel," sê Wilhelm in een sin. "Waarom?" vra Lonika huiwerig. "Daar's nie tyd om te verduidelik nie, ek kry jou by die hek," antwoord hy geïrriteerd en sny die verbinding af. Lonika is nie gemaklik met die onvoorsiene reëling nie en gryp teensinnig haar handsak. Sy sluit die kombuisdeur en staan onder die druiweprieel vir Wilhelm en wag. Dit neem nie lank voordat Wilhelm by haar stop nie. Hy maak haar deur van die binnekant af oop. Sy klim vlugtig in en maak haar deur net betyds toe voordat hy wegtrek.

Wilhelm ry vinnig en roekeloos. "Waarom is jy so haastig?" vra Lonika bekommerd. "Ons het 'n afspraak, daar was 'n kansellasie." "Watter kansellasie?" dring sy op 'n antwoord aan. Vrees bekruip haar gelaat as sy dink wat die doel van die afspraak is. Hy antwoord nie en ry vinniger. Lonika hou aan die kante van haar sitplek vas as hy skielik in 'n grondpad inswaai. Stof en klippe skiet weerskante van die kar af op en na 'n kort rukkie bevind hulle hulle weer op 'n smal sement tweespoorpaadjie tot voor 'n groot, wit gebou. Lonika kyk afwagtend na Wilhelm. Hy klim vinnig uit die kar en drafstap na haar deur toe. "Kom," beveel hy streng. Lonika begin saggies huil. "Ek wil nie Wilhelm, asseblief?" smeek sy. "Kom," beveel hy harder en maak die deur wyer oop, gereed om haar uit te help. Lonika klim stadig uit die motor uit. Wilhelm loop effens agter haar en stuur haar aan haar elmboog in die rigting van die huis. Die ontvangsdame groet vriendelik toe hulle binnestap en vermy

Lonika se tranerige oë. Sy kyk na Wilhelm. "Jy verstaan die reëls?" sê-vra sy kil, afwagtend. Wilhelm knik en handig 'n verseëlde koevert aan haar. Sy neem dit en stap na die vertrek langsaan. Sy kom na 'n paar oomblikke terug en gee die oopgemaakte koevert met geld daarin terug aan hom. "Dis nie genoeg nie," sê sy kortaf en kyk ondersoekend na Lonika. "Maar dit was die ooreenkoms," frons Wilhelm verergd. "Ek sê, dis nie genoeg nie," herhaal sy kortaf, onbeskof. Wilhelm kyk haar verbaas aan, draai dan om en stap met die trappies van die gebou na sy voertuig toe. Lonika staar vir 'n oomblik na die vrou voordat sy besef dat Wilhelm sonder haar gaan ry. Sy drafstaf vinnig kar toe, maak die deur oop en klim net betyds in. Wilhelm trek met 'n boosaardige vaart weg. Lonika sit stil met haar oë toegeknyp uit vrees vir 'n onverskillige botsing. Toe hulle by die huis stop, spring Lonika bewerig uit, maak die hek oop en drafstap vinnig huis toe. Sy staan by die kombuistoonbank toe Wilhelm woedend instap. "Wilhelm ek sal gaan, ek sal uit jou lewe gaan, ek sal niks van jou eis nie," sê sy angstig paniekbevange en stap huilend bewerig na haar slaapkamer toe. Sy sluit haar deur, val op die bed neer terwyl sy snikkend huil. Sy voel emosioneel gedreineer en magteloos teen die grootheid van die tipe onheil wat haar bemeester.

NEGENTIEN

Lonika het Sara se kleinseun 'n rukkie gelede aangestel om die hings deeltyds te versorg. Sy gee hom 'n klein fooitjie daarvoor. Sy het gemerk dat hy die perd bloots ry as hulle oor die geploegde lande gallop. "Die kind is handig met die hings," dink sy. Dit beïndruk haar. Dit lyk of daar 'n goeie vertrouensband tussen hulle onstaan het. Sy stap laatmiddag na die kamp toe en sien dat daar vars voer neergesit is. Die waterbak is met skoon water opgevul. Hy aarsel nie om Sara te waarsku as die bale voer minder word nie. Dit gee haar kans om vooraf met die naburige huishulp te reël. Die buurman het ingestem vir die seun om bale uit sy stoor te neem. Sara het Lonika terloops ingelig dat die man vir haar later 'n rekening sal gee. Lonika vertrou dit sal nie 'n plaas se prys wees nie. Die versorging van die hings en onderlangse reëlings gee haar gemoedsrus. "Haai, Grootman," groet sy die hings as hy runnik en nader draf. Wagter het op die gras naby die grensdraad gaan lê. Die dae word warmer. Lonika vryf sag vertroetelend oor die hings se maanhare. Dit laat haar ontspan. Sy druk haar gesig teen die holte van sy gespierde nek. "Jy ruik so.... natuurlik," sê sy laggend by gebrek aan die perfekte beskrywende woord, en tog is dit presies wat dit is. Sy slaan ligte stof oor sy gespierde middelrif uit. Sy hou van die reuk. Sy kyk na 'n wyle versteurd op as sy 'n motor in die smal teerpad oppad na hulle kleinhoewe opmerk. Sy herken die Nissan Leopard. "Wilhelm is tuis," dink sy gesteurd en besluit om nog 'n rukkie te talm voordat sy terugstap.

Hy is gelukkig meer verdraagsaam nadat sy gesê het dat sy van voorneme is om te trek. Sy hoop om die deeltydse aanstelling by die laerskool te kry. Hy lyk vriendelik as hy haar sien. "Weer by die kamp?" vra hy glimlaggend. Hy is geduldiger met haar, alhoewel hulle nog nie oor haar toekomsplanne gesels het nie. "Ek hou van stap en dit doen Wagter ook goed," antwoord sy beleefd terug. "Ek moes juis Hannes se rekening vereffen vir die voer," knik hy in die buurman se rigting. "Hy was vandag by die garage." "Jy hoef nie, ek het onderneem om dit te doen," verdedig sy versigtig. "Maak nie saak nie, dit was nie baie nie. Ek het sommer vir ons wegneemetes gebring," gesels hy voort en haal twee borde uit die kas. Lonika onderdruk haar verbasing. Na die laaste voorval is sy op haar hoede vir hom. "Jy's vroeg?" sê-vrae Lonika. "Tja, ek het 'n paar sake om te doen wat ek nie by die kantoor wil doen nie," antwoord hy en haal daarmee twee koffiebekers van die rak af. Lonika sit die ketel aan en gooi die gebruiklike twee lepels koffie in sy beker. Sy verruil haar beker met dié van 'n koppie en piering. Sy plaas 'n teesakkie in hare en voeg vir elkeen twee lepels suiker by. Wilhelm skep gebakte aartappelslaai, mengelslaai en gebraaide hoenderporsies in hulle borde. Lonika glimlag dankbaar. "Soms kan hy feitlik ordentlik wees," dink sy komies. Sy is nie seker wat sy verkeerd gedoen het wat sy liefde vir haar so drasties verander het nie. Sy is ook verby die stadium om haar verder daaroor te kwel óf om selfs met hom 'n gesprek daaroor te voer. Hy neem sy bord en beker koffie. "Verskoon my," sê hy beleefd en stap kouend studeerkamer toe. Hy trek die deur op knip. Lonika kyk na Wagter wat op sy gewone plek in die agterdeur lê. Sy is tevrede en peusel aan haar ete. Sy drink haar tee en geniet die huislike atmosfeer wat vir die oomblik in die huis heers.

Wilhelm is gemoedelik die res van die middag en skink vir hulle tee voordat hulle na hulle afsonderlike kamers toe gaan. Sy dink die geleentheid is gunstig om hom in te lig oor haar verblyfplanne maar voel skielik onverklaarbaar moeg. Hy sluit die deure, trek die gordyne toe en sê hoflik aan Lonika, wat rustig op die rusbank sit en gaap. "Ek dink jy moet gaan inkruip, jy lyk vir my maar bra uitgegeput." Lonika gaap verskonend agter haar hand. "Jaaa.... ek moet erken, ek voel nogal moeg." "Moet die vars lug wees," bevestig hy glimlaggend en stap agter haar aan totdat sy by haar kamer ingaan. Hy stap na sy kamer toe. Lonika voel te moeg om haar slaapklere aan te trek. Sy besluit om 'n rukkie op die bed te lê totdat die ergste tamheid verby is. Sy trek haar kussing nader en voel hoedat sy in 'n diep slaap verval.

Dis vroegoggend. Wilhelm maak Lonika se deur oop. Sy lê nog met haar klere van die vorige dag skuins oor die bed. Dit is donker en mistig buite. Hy neem 'n ligte jas uit haar kas en trek haar effens van die bed af op. "Ek is moeg," kla sy. "Toemaar, ek sal jou help sodat jy nie val nie," paai Wilhelm. "Ek voel duiselig," sy leun teen Wilhelm se bors. Hy steek haar arms ongeduldig in haar jas se moue in. "Jy gaan nou beter voel," troos hy. Hy laat haar voor hom loop terwyl hy haar van agter stut. Sy rus haar kop agteroor teen sy skouer. Dit gaan moeilik en stadig. Hulle bereik die kombuis en hy sluit die agterdeur oop met sy een hand. Lonika kla en sukkel om staande te bly. Haar liggaam voel sakagtig swaar. Hy loopstut haar tot by die motor en stel die sitplek effens na agter sodat sy daarin kan lê. Sy is dankbaar dat sy weer kan slaap. Hy draf om die kombuisdeur te sluit, hek oop te maak en die motor uit die motorhuis te trek. Dan maak hy weer die hek agter hulle toe. Lonika besef sy is in die motor en dat hulle ry. Sy maak haar oë op skrefies oop en sien dat die son sukkel om deur die kou mistigheid te dring. Die aarde ruik klam. Klein vogdruppels vorm op die voorruit. Wilhelm sit die ruitveërs met tussenposes aan. Lonika draai haar gesig na haar kant van die ruit toe sodat sy by die venster kan uitkyk. Sy baklei teen die magtelose moegheid wat haar beroof van haar regdenkende sinne. Sy konsentreer op die verbygaande kaal bome langs die pad, die nou tweerigting pad en sy besef instinktief waar sy haarself bevind. *Cook 3 Shaft Sinkers* se bordjie flits vlugtig verby haar as hulle by die ingang van die ventrikale myn se afdraaipad verby snel. Sy weet voor sal 'n T-aansluiting wees. Die pad gaan binnekort besig raak omdat die ruiling tussen nag en dagskof tussen vyfuur en sesuur plaasvind. Wilhelm stop by die aansluiting en swenk na regs. Lonika besef dat hulle wegdraai van die myn se ontginningsareas. *Cook 1* en *2* is ook in daardie omgewing. Hulle nader die stopstraat wat wissel tussen Potchefstroom en Johannesburg. Wilhelm draai na links. Soweto is die swart voorstad van Johannesburg.

Die vinnig ontwikkelende swartgebied se sinkhuiseenhede vorm die grens tussen die westelike en sentrale kant van Johannesburg. Lonika veg teen die oorweldigende lamheid in haar liggaam en konsentreer om haar brein se helderheid te behou. Wilhelm draai stadig regs by 'n grondpad in. Lonika ruik die nat stofdeeltjies. Die vroegoggendson het laerug oor die pad kom lê. Dit beskut Lonika se vreesgedagtes en sy besef hoe geweldig afhanklik sy is van haar gedrag teenoor Wilhelm. Sy sluit haar oë vir 'n oomblik en luister na die klippies wat onder die motor se wiele kreun en liggies teen die kant van die voertuig opspat. Wilhelm ry stadiger. Hy draai by 'n ou vervalle plaashek in wat eenkant geroes op die grond lê. Lonika staar by die kant van haar venster uit. Sy dwing herkenbare bakens in haar benewelde gedagtes in wat sy later, as dit nodig is, as teikens kan uitken. Wilhelm ry nog stadiger en leun effens na vore as hy by 'n smal afdraai op die tweespoorgrondpad kom. Hy draai na regs. Die dooie gras van die winter lê doelloos tussen die grondpadspore. Lonika is bewus van haar omgewing en merk op die regterkant 'n watertenkkamer wat eens in werking was maar vervalle met afgedopte geelvlekverf daarna uitsien. Sy tel stadig terwyl Wilhelm verder ry. Op telling drie-en-twintig nader hulle 'n groot roesbruinhek. Die mure is ongeveer ses voet hoog. Die hek maak weerskante oop en Lonika merk 'n groot, blink slot wat die twee gedeeltes aan mekaar verbind. Wilhelm stop 'n entjie voor die hek. Hy haal 'n koevert uit die paneelkissie en handig dit aan haar. "Hier is drieduisend rand in die koevert, 'n vrou sal jou by die hek kom haal. Sy gaan jou vra hoeveel geld in die koevert is. Stap saam met haar," beveel hy streng vertroulik. "Wilhelm ek wil nie dit doen nie, ek het gesê ek sal uit jou lewe gaan," kla Lonika onwillig en voel hoedat teruggehoue trane teen die holte van haar keel 'n knop vorm. Haar oë is meteens verblind deur die soutvog daarvan. Wilhelm luister nie na haar smeking nie en praat haar dood. "Dis die beste vir jou en my. Jy sal nie vir twee kan sorg nie, ek gaan ook nie." Hy strek sy hand oor haar om haar deur van binne af oop te maak. "Toe klim nou uit en wag by die hek," moedig hy haar streng aan. Lonika huil saggies en klim onwillig uit die motor. Sy voel swaar en haar liggaam wil onder haar swik. Sy loop wankel-stadig tot by die hek en hou aan die tralies vas sodat sy nie haar balans verloor nie. Huil klaagwoorde ontglip haar vormlose lippe. "Miskien kan ek met die vrou onderhandel, miskien droom ek.... dalk 'n nagmerrie," dink sy hoopvol maar haar moed is van korte duur as sy 'n ouerige bruinvrou om die hoek van 'n bouvallige huis gewaar. "Agge..nee...Here," huil sy magteloos en vee haar neus met die mou van haar jas af. Die vrou loop gebukkend krom na die hek toe. Sy sluit die hek oop sonder om na Lonika te kyk. Sy trek Lonika ferm aan haar arm na binne en stut Lonika se rukkende figuur as sy weer die hek sluit. Sy vou die kant van haar ou verslonsde jas om Lonika se liggaam en trek haar in die holte van haar arm in. Sy neem die koevert by Lonika terwyl hulle stap.

Hulle loop stadig na 'n afgeleë gebou wat weggesteek onder kaalgestroopte rye bome staan. Die deur kraak spookagtig as die vrou dit oopmaak. Sy stoot Lonika na binne en sluit die deur agter hulle. Lonika sukkel om in die donker vertrek te sien en staan stil. Sy ruik verskillende kruie en onaardige bossiereuke wat haar neusholtes met walging vul. Sy merk 'n flou liggie wat in 'n afgebakende hoekie brand en 'n glashouer waaruit daar smeulende repiesrook trek. Die vrou stoot Lonika daarheen. Lonika se liggaam vou waansinnig onder haar en sy draai om sodat sy weer by die deur kan uithardloop. Die vrou hou haar ferm terug. *"Please let me go,"* huil sy desperaat. Die vrou kyk vir 'n oomblik weg en druk Lonika ongeduldig in daardie rigting. *"Lie on the floor,"* beveel sy genadeloos. Lonika sak op die koue vloer en sit op haar hurke terwyl sy smeek dat die vrou haar laat gaan. *"Lie on your back,"* beveel sy streng. Lonika se liggaam is koud en willoos. "Vader laat my sterf," kerm sy saggies en voel hoedat die koue sement onder haar rug haar nader trek en die doodsheid daarvan haar liggaam betas. Sy besef dat die mag te groot vir haar is om dit self te beveg en haar liggaam reageer willoos op die ru hantering wat die vrou stelselmatig verrig. Sy maak Lonika se bene oop, trek haar langbroek en broekie uit, stoot haar bene op en vou haar knieë sodat Lonika skaamteloos oopgespalk voor die vrou lê. Lonika verkies om nie aan die baba of haarself te dink nie. Sy sny haar gevoelens, haar gewete, haar smagting na oorlewing uit en laat toe dat die bedompigheid van die vertrek haar koud en weerloos in sy staalvingers insuig. Die vrou ontbloot haar buik en skuif op die vloer rond as sy warm vloeistof meng, 'n ritueel prewel en gebare met haar hand maak. Lonika verstaan nie haar woorde nie. Trane vloei vanuit die kante van Lonika se oë langs haar wange af en meng met die vuil lae stof wat op die sementvloer gevorm het. Die vrou beweeg haar hande singend ritmies oor Lonika se opgeswelde buik en vul een of ander vorm van 'n spuitnaald met warm, groen gekleurde vloeistof wat sy by die vagina inspuit. Sy druk haar vuil krom oumens vingers in die bevogtigde opening van die vagina terwyl die warm vloeistof oor die onderbekken van Lonika drup. Sy glimlag ingenome as sy die struktuur van die sagte lipagtige serviksweefsel voel. Weens die verhoogde bloedvloei van die swangerskap ondergaan die serviks normaalweg verandering van 'n meer ferm tot sagter weefsel. Sy trek 'n lang onbesmette breinaald nader terwyl sy haar vingers nog steeds in die opening van die vagina hou. Lonika huil onuithoubaar en druk haar knieë styf teenmekaar terwyl sy haar bene kragtig na onder dwing. Die vrou verloor haar handposisie in die vagina en klik haar tong versteurd. Sy skuif Lonika se bene weer op en druk haar voete kru teen die oppervlakte van die sement. Sy probeer haar posisie herwin en druk haar vingers opnuut teen die vaginale kanaal op na die serviks. Sy swets kwaai en kyk Lonika woedend aan. *"Look what you've done!"* skreeu sy. Sy stamp Lonika se bene toe. *"I can't find the uterus now,"* sy staar etlike oomblikke na Lonika terwyl sy 'n besluit neem. *"You must come back and bring more money,"* daarmee trek sy haar ou jas stywer om haar uitgehongerde figuur en stap na die staalagtige deur van die gebou toe. Sy sluit dit oop.

Lonika sukkel orent en trek haar broekie en langbroek aan. Sy voel eienaardig duiselig en ervaar drukking na onder. Sy is nat van die vloeistof wat die vrou ingespuit het. Die vrou help haar swetsend tot by die hek en sluit dit oop. Sy laat Lonika deur en sluit die hek weer onmiddellik daarna. Sy draai om en stap weg. Lonika hou haar buik vas as ligte krampgolwe oor haar onderlyf gaan. Sy sukkelstap tot by die motor. Wilhelm maak haar deur van die binnekant af oop. Lonika sak teen die lening van die teruggeslaande stoel en trek haar bene effens op as die krampe haar saggies laat kreun. Wilhelm buig oor haar en maak die deur toe. Hy trek stadig weg. Wilhelm het moed opgegee om haar te pols oor die gebeure wat plaasgevind het in die ou gebou. Sy het huilend en kermend gemompel dat hy verkies het om in stilte verder te ry.

By die huis aangekom, kreun sy saggies en laat toe dat hy haar tot by die hoofslaapkamer help waar sy op die bed neersak. Hy gooi 'n kombers oor haar opgekrulde liggaam. Hy skakel 'n nommer van die telefoon wat op sy bedkassie staan. "Julle kan maar kom," sê hy en lui af. Vloeistof lek nog uit die vagina en Lonika voel dat haar onderklere nog steeds nat is. Sy lê willoos en sluit haar oë sodat die bedwelmde slaap haar wegneem waar sy krampagtig met tussenposes kreun as ligte golwe van pyn haar onderliggaam verlam.

Lonika hoor stemme in die kamer as sy vir 'n oomblik uit die benewelde slaap uitbreek. "Hou my op hoogte as daar iets gebeur, hier's die geld," sê hy streng en handig opgerolde note aan 'n ouerige man. Die ouer vrou trek 'n stoel nader en skuif haar hand onder die komberse in. Sy voel oor die nattigheid van Lonika se geslagsorgane. Lonika kreun ontevrede en druk haar bene stywer opmekaar. Sy draai verhinderd verder op haar sy sodat haar rugkant na die vrou wys. Die vrou ruik aan haar vingers. "Ek weet nie wat dit is nie," hoor sy die vrou skepties vir die man sê. "Jy's die vroedvrou, jy behoort die goed te ken," raas hy ontevrede. "Phillip, as hulle opgeneuk het met die aborsie, maak ek gatskoon," sê sy bekommerd en kyk hulpsoekend na die ouer man. Hy dink vir 'n oomblik. "Aborsie is onwettig," bevestig hy bekommerd as hy aan die nagevolge dink. Lonika voel geweldig naar en probeer opstaan. Sy val terug teen die kussings. Ligte krampe skuif teen haar buik op en laat haar opgekrul en naar in 'n bondel trek. Sy besef die krampe bedaar as sy stil lê en veg teen die naarheid. Die ouer vrou gooi nog 'n kombers oor Lonika as sy liggies bewe van koukoors. Die telefoon lui gedurig en die ou man gee terugvoering aan Wilhelm soos wat die vrou hom voorsê. Die gesprekke is kort van duur.

Lonika skrik wakker en voel 'n essensiële sametrekking in haar buik. Sy besef dat die krampe intussen bedaar het. Sy kyk om haar rond en merk dat sy alleen is. Sy skakel moeisaam haar ouerhuis en is verlig as haar vader antwoord. "Pappa kom haal my, " sê sy huilend en plaas die gehoorstuk terug op die mikkie. Die naarheid is minder. Sy sak terug teen die kussings en haal diep asem sodat die sametrekking in haar buik bedaar. Dit help. Dit neem nie lank voordat Lonika se ouers ontsteld in Wilhelm se slaapkamer instap nie "Dit is nou genoeg," sê haar moeder ferm as sy Lonika een kyk gee. Lonika se moeder was 'n verpleegster. Sy sprei die opgevoude deken van die bed op die vloer oop. "Waar's jou klere?" vra sy streng vir Lonika. "In Lanie se kamer," antwoord Lonika. "Boet kry die kind in die kar sodat ons haar hospitaal toe kan vat," beveel sy "Mamma, Wilhelm gaan pappa afdank as hy hiervan weet," sê Lonika bekommerd. "My kind, dan kry ek 'n ander werk," troos hy skouerophalend. Mamma laat nie op haar wag nie en dra die bondel met klere in die toegevoude deken na die motor toe. Lonika kan nie help om te glimlag as sy dink wat alles in daardie deken ingegooi is nie. "Ek sal verseker alles hê wat nodig is," dink sy verlig en steun op haar vader se skouers as hy haar veilig motor toe help. Mamma trek die agterdeur op knip. "Hoe voel die krampe?" vra mamma. "Dis heelwat ligter," bevestig Lonika terwyl sy op die agterste sitplek lê. Sy het nog die onderliggende, naar gevoel. Pappa stop by ongevalle. Die personeel is flink en plaas Lonika op 'n drup terwyl hulle haar na die vrouesaal toe stoot. "Dokter sal nou met u wees," bevestig die suster en stap beleefd uit.

TWINTIG

"Mevrou Schmidt dink jy nie jy kan maar nou vir my vertel wat aangaan nie," vra Dokter Snyman streng as hy vaderlik langs haar bed staan. "Ek kan nie dokter," antwoord sy skaam. "Watter vloeistof is by jou ingespuit?" vra hy rustig "Ek weet nie," antwoord sy sag en ontwyk sy oë. Hy haal diep asem en kyk haar streng aan. "Indien jy probeer om die baba te aborteer is ek verplig om jou aan te kla vir moord," hy aarsel as sy by die venster uitkyk. "As jy gedwing word tot 'n aborsie sal jy medepligtig wees aan moord, verstaan jy dit?" vra hy sag. Lonika druk haar hande voor haar gesig en begin onbedaarlik snik. "Ek wil nie my baba doodmaak nie," erken sy terwyl sy huil. Haar skouers ruk terwyl sy onbedaarlik bewe. Dokter Snyman laat haar huil en spuit vloeistof in die drup. Daarna sit hy op die kant van die bed. Hy neem haar hand in syne. "Ek gaan jou verwys na 'n Ginekoloog in Roodepoort, dis 'n baie goeie vriend van my." Sy knik bevestigend terwyl hy praat en voel hoedat sy rustiger word. "Jy is nou twaalf weke swanger ," sê hy ernstig "Ek gaan jou 'n paar dae hier hou sodat jy kan rus." Lonika knik dankbaar. "Jou ouers is in die wagkamer, ek sal die verpleegster stuur om hulle te roep," bemoedig hy haar en stap uit.

Lonika het haar ouers in haar vertroue geneem gedurende die vyf dae wat sy in die hospitaal was. Lang ure het verby gegaan wat sy geslaap het. Tyd was nie van belang nie. As sy wakker word en besef sy is nog in die hospitaal het sy verlig verder geslaap. Sy weet dokter Snyman het met sy rondtes by haar ingeloer. Sy het soms gehoor as hy opdragte aan die verpleegsters gee. Sy weet haar ouers was ook met tye daar, maar sy het te moeg gevoel om te praat en het verkies om alleen te wees. Na die derde dag was sy meer uitgerus en kon sy helderder dink oor haar omstandighede. Sy was vir gerieflikheidshalwe in 'n privaatkamer.

Dit is rustig. Lonika luister na die hospitaalgeluide. Die suster het haar drup vroeër vandag afgehaal. Sy maak haar staalbedkassie se laai oop en glimlag ingenome as sy al die peuselhappies sien wat daarin gepak is, asook haar persoonlike badkamergoedjies. "Dit kan net mamma wees," dink sy en glimlag tevrede. Sy stoot die laai weer toe en klim van die bed af. Haar pantoffels is langs haar bed. Haar lyf is moeg gelê en sy besluit om met die gang af te stap. "Dokter het gesê dat jy dalk môre huis toe kan gaan," knoop een van die verpleegster 'n geselsie aan. Lonika glimlag inskiklik. "Dit sal gaaf wees," antwoord sy. "Huis," dink sy. "Waar's huis?" Sy verwerp onmiddellik die gedagte as sy 'n gevoel van vrees en onrustigheid ervaar. Sy stap terug na haar hospitaalkamer toe, trek haar pantoffels uit en lê terug teen die wit kussings op die bed. Sy kyk by die venster uit.

"Hallo, Skoonheid," groet Veron met die intrapslag. Lonika lag en verwelkom die onverwagse besoek. "Veron," sê sy verras. "Dis wonderlik om jou te sien, trek die bankie nader en kom sit hier by my," nooi sy opgewek. "Ek het vir jou 'n leesding gebring," lag Veron terwyl sy Lonika spontaan op die wang soen en die bankie tot vlak by die bed trek. Sy sit die pakkie met die boek langs Lonika op die bedkassie neer. "Mag ek kyk?" vra Lonika opgewonde "Nee," skud Veron haar kop afkeurend. "Dis vir vanaand, as jy alleen is en klaasvakie sy sak sout in die see gaan uitsmyt het." Lonika lag opgeruimd. "Dis sand," korrigeer sy. "Hy strooi dit fyntjies in klein kindertjies se ogies sodat hulle kan slaap," help Lonika Veron reg terwyl sy die laaste paar woorde al hoe sagter fluister met haar vingers wat die sand denkbeeldig op die wit laken van die bed strooi. Veron lag opgewek vir Lonika se manifistasie. Die vriendinne kyk mekaar direk aan "Jy's goed vir my," sê Lonika sag ernstig. "Jy het dit al gesê," antwoord Veron spottend. Daar heers gemoedelike stilte tussen hulle terwyl hulle vir mekaar glimlag. "Het jy planne?" vra Veron onverwags, ernstig. "Nog nie heeltemal nie," antwoord Lonika onrustig. "Jy moet mooi dink vriendin," stel Veron vertroulik voor. "Ek weet," bevestig Lonika sag. Hulle lag en gesels nog 'n rukkie voordat Veron vertrek. Lonika voel gelukkig, tevrede na Veron se besoek. Sy skuif hoër op teen die kussings en trek die geskenkpakkie nader. Sy maak dit oop en haal 'n hardebandboek uit. Oor die koningsblou voorblad staan die boek se titel in groot, wit letters gedruk: *"Crown Street Women's Hospital,"* met kleiner swart letters daaronder *"A History 1893 – 1983"* deur *"Judith Godden."* Lonika blaai die voorblad om en lees 'n boodskap wat Veron daarin geskryf het "Vrouens is die voortdraers van lewe maar God is die Skepper daarvan."

Lonika sluk aan 'n hartseer knop in haar keel as sy die boodskap weer 'n keer stadig lees en die diepte daarvan haar met krag vul. Sy glimlag bevestigend as sy besef dat die inhoud van die boek kosbare gebeurtenisse insluit wat vir haar opvoedkundig van waarde kan wees. Sy blaai na die daaropvolgende bladsy en lees die voorwoord. *"The history of Sydney's pioneering maternity hospital is also a history of medical care for women in Australia, from the days of untrained midwives to alternative birthing units."* Die daaropvolgende paragraaf prikkel haar belangstelling. *"From its first years, it sheltered homeless pregnant women; its later practices contributed to the grief of forced adoptions. It was where a stream of women went after botched illegal abortions. In its final years, its Birth Centre revolutionised birth practices in Australia."* Lonika lees die res van die inligting. Sy skuif haar kussings gerieflik onder haar laerug in en leun gemaklik terug daarteen. Sy trek die wit laken hoër op teen haar bobene en blaai na hoofstuk 1. Sy lees tot laataand en skakel haar bedliggie af as sy versterk voel deur die inhoud van die leesstof. "Vader U gee my krag. U is waarlik die bron van lewe." sug sy saggies en sluit haar oë sodat 'n onbekende kalmte besit neem van haar bestaan. Sy gee haarself oor in stil gebed en wei 'n wyle in die teenwoordigheid van haar Vader, "Na waters waar rus is...."

"Die hospitaal het my geskakel en laat weet jy's ontslaan," sê Wilhelm toe hy langs Lonika se bed staan. Lonika onderdruk haar vrees. "Hallo Wilhelm," groet sy saaklik. "Ek het gedink my ouers kom my haal." "Jou pa is besig, die karre moet uit, en jou ma werk," sê hy gemaklik. "Ek het Dokter Gert in die portaal gekry op sy rondtes," gaan hy ongestoord voort. "Het julle gesels?" wil Lonika belangstellend weet terwyl sy die sak met haar besittings toe rits. "Ja, hy sê jy moet rus. Jy het volgende week 'n afspraak met die ginekoloog," bevestig hy en neem die sak by haar. Hy stap vooruit toonbank toe en teken op Lonika se kaart. Lonika groet die verpleegsters vriendelik en stap langs Wilhelm met die gang af na sy voertuig toe. Sy klim in terwyl hy haar sak op die agterste sitplek sit. Lonika trek haar sitplekgordel oor haar bolyf en skuif dit stewig in die gleuf in. Wilhelm kyk haar onderlangs aan. "Dankie dat jy my kom haal het," sê sy kalm. Hulle vertrek in stilte. Hy neem haar na hulle huis toe. Sara klap haar hande van blydskap saam as sy Lonika sien. Wilhelm stap vooruit en plaas Lonika se sak op haar bed in Lanie se kamer. Lonika voel nie gemaklik tuis nie maar is meer gerieflik met Sara in haar onmiddellike omgewing. "Kan ek vir Meneer tee maak?" vra Sara as Wilhelm in die kombuis instap. "Nee Sara, ek moet ry," antwoord hy gemoedelik. Hy groet Lonika beleefd en stap na sy motor toe. "Sara kan jy dalk drie dae 'n week inkom," vra Lonika onverwags. Sara kyk verras na haar. "Natuurlik Mevrou," antwoord sy betekenisvol. Lonika glimlag verlig en stap studeerkamer toe. Sy skakel die Laerskool om haar afspraak met die skoolhoof op te volg. Die ontvangsdame deel haar mee dat hulle haar dienste moontlik die daaropvolgende jaar sal oorweeg. Lonika bedank haar vriendelik en lui af.

Sara het vir haar tee gebring en 'n vars toebroodjie wat in vier driehoekige stukkies gesny en op die kleinbordjie gerangskik is met repies blaarslaai tussenin. Dit lyk heerlik en Lonika voel effens honger. Sy neem 'n slukkie tee en peusel aan 'n toebroodjie terwyl sy deur die geelbladsye van die telefoongids blaai op soek na 'n geskikte personeelagentskap wat vir tydelike poste werwing doen. Sy skryf die nommers op 'n skoon stukkie papier neer. Dit sluit Randfontein, Krugersdorp, Witpoortjie en Roodepoort in. Nadat sy haar toebroodjie klaar geëet het, skakel sy die betrokke nommers en maak afsprake om hulle in die eerskomende drie dae te sien. As sy tevrede is met drie afsprake per dag stap sy na haar kamer toe en haal haar aktetas met al haar kwalifikasies uit. Sy sal registreer vir al die moontlike poste waarvoor die agentskappe haar kan gebruik. Haar laaste taak is om haar oorblywende klere na te gaan wat sy kan gebruik gedurende haar swangerskap. Sy hoor Sara in die gang afgestap kom. Sy pak die gestrykte klere weg. "Totsiens Mevrou," groet sy as sy klaar is en in Lonika se kamerdeur staan. Lonika kyk op. "Totsiens Sara," groet sy respekvol. Sara glimlag tevrede en stap weg. Lonika pak en herrangskik haar klere in haar klerekas, verruil haar uitgaanskoene vir werkskoene en plaas dit in die voorste ry op die vloer van haar hangkas. "So ja, dit moet nou maar vir eers doen," sê sy sag, tevrede. Daarna skuif sy haar grimering en gesigroom netjies eenkant op die beperkte oppervlakte van die klein spieëlblad. Sy neem haar bybel en plaas dit langs haar bed op die bedkassie. Daarna maak sy die badkrane oop en skuim die bad op met essensiële olies en 'n tikkie borrelbadskuim.

Sy sluit haar badkamerdeur en gly in die warm water in. Sy is tevrede met wat sy vandag bereik het. "Môre sal sy eie oplossing bring," dink sy. Lonika streel ingedagte oor haar buik. Sy hou haar hand stil as sy 'n sagte, vladderende sensasie uit die diepte van haar baarmoeder voel. Sy glimlag kinderlik en haar wese word gevul met dankbaarheid. Sy wag angstig vir nog 'n beweging om te verseker dat sy haar nie misgis het nie. Sy vryf weer liggies oor haar buik en kon beswaarlik haar opgewondenheid beteuel toe sy dieselfde vladderende sensasie ervaar. Sy weet instinktief dat sy instaat is om enige persoon te verpletter wat sou probeer om haar te beroof van die lewe wat sy binne haar dra.

EEN-EN-TWINTIG

Lonika is die derde dag van haar onderhoude gedaan as sy tuis kom. Sy voel egter braaf en tevrede met wat sy bereik het. Sara het getrou die middagetes voorberei. Sy het Wilhelm se maaltyd in die lou-oond gelaat en aan hare gepeusel. Die vergoeding vir tydelike arbeid wissel tussen een rand veertien sent tot vyf rand vyftig sent per uur. Ongeag die lae tarief voel sy nogtans gelukkig met die wete dat die agentskappe wel van haar dienste gebruik sal kan maak. Die muurhorlosie slaan vier keer. Sy skep die laaste fyngemaalde kaneelpatat op haar vurk, druk dit vlugtig in haar mond en stap studeerkamer toe. Sy trek die Wesrandse telefoongids nader en blaai na die "B's" waar Blacky Swart Prokureurs gelys is. "Hy's blykbaar dié gevreesde prokureur aan die Wesrand en spesialiseer op die gebied van egskeidings," herroep sy Veron se fluisterstem toe Lonika haar toevallig in die dorp raakgeloop het. Lonika lag saggies. "Die vrou is waarlik wêreldwys," dink sy joviaal. Sy druk haar wysvinger op die nommer om die plek te behou en skakel die ontvangs. Haar afspraak word bevestig vir elf uur die volgende dag. Sy voel tevrede. "Kom Wagterwoefs, kom ons gaan stap," nooi sy die boerboel as sy haar oorblywende kos in die vullisdrommetjie krap en haar bord in die opwasbak plaas.

Wagter kreun as hy sy groot lyf van die kombuisvloer af oplig. Lonika lag en vryf oor sy rug. Sy neem weer die bekende voetpaadjie na die hings se stal toe. Dit beur haar op en laat haar innerlike rustigheid ervaar. Sy stap ligvoets oor die stof en merk dat die dooie gras verkleur in spatseltjies groen. Sy staan 'n oomblik stil en gly haar oë oor die dorheid van die omgeploegde winterland totdat haar sig rusplek vind op die stapel helderkleurige klein blommetjies wat deur die aardkors gebreek het, opsoek na son. "Die reën sal kom, ook op Sy tyd," sê sy sag en stap verder. Wagter loop sleepvoetig. Die stof het op sy kwyl modderspoortjies gemaak en drup langs sy spoegbek af. Lonika lag vir sy *droopy* oë en vat 'n

146

bakhand vol water en gooi dit speels oor sy gesig. Hy trap verskrik eenkant en kyk haar stupid aan. Sy wag totdat hy nader aan die waterbak is en skep die emmer wat langs die bak staan kwart met water en spatgooi dit oor sy rug. Hy spring weer eenkant toe. Dan raak hy laf en trippelspring lomp om haar asof hy haar koggel vir meer sports, meer lag, meer spatsels, meer pret!! Sy lag uitbundig en lok hom vir nog 'n skeppie water, draf agter hom aan, spat die water in sy rigting en hardloop vinnig terug om die emmer met water te vul. Hy drafspeel agter haar aan en stamp die laaste skepseltjie water uit haar hande sodat sy haar balans verloor en op haar knieë in die modderpoel by die waterbak beland. Sy skrik vir haar val maar lag uitgelate as hy verskonend haar gesig met sy spoegbek lek. Sy keer goedkeurend met haar hande oor haar gesig en gebruik die heiningpaal as stut om haarself op te help. Wagter kyk haar vraend aan terwyl sy haar gesig in die hings se waterbak afspoel. "Sies jou morsjors, kyk hoe vuil is ons nou," raas sy speels en skud haar hande langs haar sye af. Die hings runnik en druk sy nek oor die draad. Lonika streel sy gespierde, soepel nek. Die oomblik is vir haar uitgelate kosbaar. Sy stap 'n rukkie later vuil saam met Wagter huis toe.

Lonika neem 'n stoombad en trek gemaklik aan. Sy het haar hare gewas en droog geblaas. Sy kyk na haar beeld in die spieël. Haar vel is sag en roosagtig. Op die ingewing van die oomblik neem sy 'n ligte pienk lipstiffie en kleur haar lippe in. Sy sprei sagte parfuum oor haar hals en polse. Sy voel tevrede en stap om die deure te sluit en die gordyne toe te trek. Sy laat Wagter in die sonkamer voor die skuifdeur lê. Wilhelm kom laat saans tuis en die meeste van die tyd is hy gedrink. Sy staan vroeg soggens op om Wagter weer uit te laat. Sy hoor die hek oopgaan en besef dat Wilhelm tuis is. Sy kyk vlugtig na die horlosie. Dit is agtuur. Sy stap flink terug na die sonkamer, laat Wagter uit, drafstap na haar kamer toe en trek die deur opknip. Sy neem haar hardeband leesboek en stapel die kussings teen die kopstuk van die bed op.

"Kan ek inkom?" vra Wilhelm beleefd by haar deur, gevolg

deur 'n sagte klop. "Wilhelm, ek slaap al," jok sy huiwerig. "Ons moet praat." sê hy vreemd saaklik. Lonika frons. Daar heers stilte aan beide kante van die deur. "Ek wag in die woonkamer," sê hy gedemp en stap weg. Lonika swaai haar bene van die bed af en oorweeg of sy aan sy versoek moet voldoen. Sy staan na 'n wyle op en stap elegant na die woonkamer toe. Sy hoor Wilhelm in die kombuis. Sy stap daarheen. Hy gooi water in hulle teekoppies. Lonika trek die stoel by die kombuistoonbank uit en gaan sit daarop. Hy stoot haar koppie tee vir haar oor die toonbank. Sy staan op en neem haar tee na die wasbak toe. Sy gooi dit kalm in die wasbak uit, neem 'n skoon koppie en piering van die rak af en maak vir haar vars rooibostee. Haar gesig is strak. Hy kyk haar stil aan en merk die vasberadenheid en trots waarmee sy beweeg. Sy neem weer op haar stoel plaas en kyk hom afwagtend aan. Hulle oë ontmoet. 'n Merkbare weerloosheid lê vlak sigbaar in beide se blik. "Ek het met Stephan gereël dat hy jou môre na jou ouers se huis toe vat," sê hy saaklik en drink 'n slukkie tee. "Ek het mos 'n kar," antwoord Lonika bedaard. "Dit is nie jou kar nie," sê hy kortaf. "Wat van my klavier?" vra sy. "Ek sal dit vir jou laat aflewer óf jy kan vir Conradie vra om dit te kom haal," sê hy geïrriteerd, sarkasties en staan op om te loop. "Dis reg so Wilhelm. Reël asseblief met Stephan vir vier uur as mamma ook tuis is," willig sy moedeloos in. Wilhelm stap kamer toe. Lonika spoel hulle koppies uit en skakel die huisligte af oppad kamer toe. Sy besluit om môre in te pak nadat sy klaar haar afspraak met die prokureur nagekom het.

Sara is vroegoggend besig in die kombuis as Lonika instap. Sy groet vriendelik. Lonika glimlag terug en plaas 'n snytjie brood in die rooster. Sy sny dun repies kaas op 'n klein bordjie en haal die houer met botter uit die yskas. Sy skink swart rooibostee met 'n skyfie suurlemoen. "Sara," sê-roep sy sag, ernstig. "Ja Mevrou?" antwoord Sara huiwerig as sy die dringendheid in Lonika se stem hoor. Sy vee haar hande aan haar voorskoot af en kom staan naby Lonika. Lonika kyk die ouer vrou met deernis aan. "Sara, sal jy asseblief al my goed vandag inpak. Gebruik bokse vir die skoene en losgoed. Die hanggoed kan op die hangers bly," beveel sy gemoedelik. Sara kyk ingedagte na haar. Hulle oë ontmoet. Sara lees die volwassenheid van 'n jong vrou wat deur 'n ongenaakbare wintertyd in 'n kort tydjie van haar lewe gegaan het. "Haar siel is deurdring, haar gees het verstil," herroep Sara die kennis van haar jare as sy die diepte van Lonika se gekweste wese ontdek. Lonika tree nader aan Sara en trek haar oumenslyf styf teen hare. "Ek sal jou altyd onthou," fluister sy as sy Sara 'n vriendskapsdrukkie gee. Sara glimlag en neem albei Lonika se hande in hare. "Mevrou, dis beter dat jy gaan," sê Sara moederlik-wys. Lonika knik en stap na buite waar Wagter onder die boom naby sy hok lê. "Toe Grote, is jy lus vir 'n vinnige stappie stal toe?" nooi sy en wag dat Wagter agter haar aanloop. Lonika neem stil afskeid van die silwer hings terwyl sy liefdeswoordjies in sy nek fluister. 'n Rukkie later trek sy deftig aan en ry om haar afspraak na te kom.

Meneer Blacky Swart is 'n kort, bonkige man met swart hare en 'n krul snor. Hy lyk kwaai en ongeduldig. "Mevrou Schmidt, waarmee kan ek help?" vra hy saaklik. Lonika verduidelik haar omstandighede en dat sy 'n egskeiding aanhangig wil maak. Meneer Swart vra 'n paar belangrike vrae en besluit namens Lonika wat 'n geskikte eis sal wees vir haar. Lonika wil beswaar maak, maar besluit daarteen as hy sy hand in die lug hou om haar stil te maak. "Jy het 'n voertuig gehad, jy het meubels gehad, jy het werk gehad. Jy is swanger, jy is wettig getroud?" sê-vra hy kwaai. Lonika knik bevestigend. "Nou wat is jou probleem?" vra hy ongeduldig. "Waarheen moet ek die dagvaarding stuur?" vra hy na 'n oomblik terwyl hy Lonika opsommend betrag. Hy teken Wilhelm se werksadres op Lonika se lêer aan. "Waar kan ek jou kry?" Lonika verskaf haar ouers se huisadres. "Hy behoort sy dagvaarding Vrydag te ontvang," sê hy saaklik terwyl hy skryf. Lonika betwyfel nie sy bekwaamheid nie en besluit om hom te vertrou met die saak. Hy laat sak sy pen en kyk Lonika neutraal aan. "As jy die saak terugtrek sal ek my kostes van jou verhaal." Hy swyg vir 'n oomblik om seker te maak dat Lonika die belangrikheid van sy woorde verstaan. Sy gelaat versag meteens. "Gaan nou huis toe en laat alles aan my oor." Lonika ondervind 'n gevoel van vertroue en knik bevestigend. Hy glimlag bemoedigend. Hy staan agter sy lessenaar op. Lonika volg sy voorbeeld en hulle groet formeel in sy ontvangsarea. "Dit is opvallend hoeveel kliënte vir hom wag," dink sy ingenome en stap na die parkeerarea. Sy ry rustig terug huis toe.

TWEE-EN-TWINTIG

Stephan help Sara om Lonika se besittings agter op die rooi bakkie te laai. "Ek't gedink Wilhelm het die bakkie verkoop?" sê-vra Lonika verbaas. "Ouboet se boeke is duister," antwoord hy sku en stap die huis in. Dit neem nie lank voordat hulle vertrek nie. Lonika groet Sara vlugtig en klop Wagter op sy rug. Sy klim aan die passasierskant van die bakkie langs Stephan in. "Stephan, hoekom wil Wilhelm my nie hê nie?" vra sy na 'n wyle, terwyl hulle in stilte ry. "Skoonsus, ek wens ek weet," sug hy. Hy help om Lonika se bagasie in haar ouerhuis in te dra en vertrek sodra hy klaar is. Lonika wuif totsiens en stap haar ouerhuis binne. Sy skakel die Ginekoloog se spreekkamer en bevestig haar volgende afspraak. Hy het streng versoek om haar elke tweede week te sien sedert haar laaste afspraak. Sy is 16 weke swanger. Lonika pak die meeste van haar klere in houers weg en behou net die groter nommers wat haar verder in haar swangerskap sal kan pas. Sy blaai deur die bekende skrywer Heidi Murkoff se boek en ondervind 'n gevoel van opgewondenheid as sy oor die verskillende stadiums van swangerskapsontwikkeling lees. *"Week 16 tot 18: Die baba se nekspiere en rugbene is nou sterker, haar greep het nou genoeg ontwikkel om die klein handjies bymekaar te kan hou. Die bloedsomloopstelsel is in volle werkende toestand. Die hart pomp elke dag ongeveer 24 liter bloed deur die liggaam."* Lonika lees nog 'n stukkie en blaai belangstellend tussen die sketse deur. Sy lees die opskrifte daarvan. Sy sit die sagteband op die bank neer en stap kombuis toe om vir haar ouers aandete voor te berei. "Dis die minste wat ek vir hulle kan doen," dink sy dankbaar.

Lonika sit haar koppie tee vinnig op die kombuiskas neer as die telefoon in die gang lui. Sy antwoord en is verbaas as sy Wilhelm se stem hoor. "Ek het 'n afspraak met jou prokureur gereël. Ek kom jou optel." "Waaroor?" vra Lonika onthuts. "Jou eis is belaglik, ek is bereid om te skik," antwoord hy merkbaar omgekrap. Lonika is oningelig oor die wetlike aspekte van die prosesse van egskeidings en wens sy kon dit eers met 'n kenner bespreek het. Sy laat 'n nota op die kombuistafel sodat haar ouers weet waar sy haar bevind en stap hek toe. Wilhelm stop langs haar en laat haar inklim voordat hy gemaklik wegtrek. Hy groet vriendelik. Lonika behou haar afstand en groet beleefd terug. Sy verkies om nie in 'n stryery betrokke te raak nie. Hy parkeer die Nissan Leopard naby die ingang van die gebou en klim uit. Lonika volg sy voorbeeld en stap agter hom aan met die trappies na die eerste vloer toe. Die ontvangsdame groet hulle vriendelik. "Meneer Schmidt, Meneer Swart verwag u. Stap maar deur." Lonika is verbysterd oor die vrypostigheid waarmee die ontvangsdame Wilhelm aanspreek en wens sy het nie saamgekom nie.

Meneer Blacky Swart laat Wilhelm en Lonika sit. Hy spreek Wilhelm direk aan. "Jy is bereid om te skik? Wat het jy in gedagte?" Lonika kan aflei dat die ontmoeting nie welkom is nie en dat Meneer Swart merkbaar geïrriteerd is. "Ek is bereid om vyfduisend rand eenmalig te betaal en die sogenaamde kind af te skryf sodat sy met haar lewe kan voortgaan," offer Wilhelm selfvoldaan. Meneer Swart val Wilhelm minagtend in die rede. "Sogenaamde kind…. Ghhmm," sê hy onbeskof. Hy kyk opsommend na Lonika voordat hy albei sy arms op sy lessenaar rus en sy vingers inmekaar knoop. "My kliënt stel nie in 'n skikking belang nie," sê hy nadruklik aan Wilhelm. Lonika is nie seker wat die inhoud van die gesprek beteken nie en kyk opsommend van Meneer Swart na Wilhelm. Hulle praat van haar asof sy nie teenwoordig is nie. Sy merk dat Wilhelm se kleur verdiep na blasrooi en dat hy sy woedebui met moeite onderdruk. "Dan staan ek die eis teen," met dié woorde staan hy vinnig en verergd op en loop bruusk by die kantoor uit. Lonika staar verward na Meneer Swart. "Kan ek jou vader skakel om jou te kom haal?" vra hy kalm en begin die nommer op haar lêer skakel. Sy luister na die eenmansgesprek en lei af dat hulle vantevore 'n gesprek gevoer het. Hy groet en sit die gehoorstuk neer. "Jou vader het my voorberei op die ontmoeting." Lonika knik ingedagte, vat haar handsak en steek haar hand uit om te groet. Meneer Swart neem haar hand hoflik in syne. "Wag maar in die ontvangsportaal," beveel hy aan. Lonika knik en loop na sy kantoordeur toe. "Mevrou Schmidt, " keer hy haar voordat sy verder stap. "Die baba is verwek binne die huwelik?" sê-vra hy inskiklik en beklemtoon die woorde 'binne die huwelik'. Lonika staar hom geskok aan. "So gedink," glimlag hy en skuif terug op sy leersitplek. Lonika stap ingedagte na die stoel naaste aan die ontvangslokaal se deur. "Ek is nie seker wat hy bedoel het nie," dink sy. "Pappa sal dalk weet," stel sy haarself gerus.

Lonika skuif na ongeveer twintig minute langs haar pa in sy Toyota bakkie in. Sy sit ver agteroor met haar kop wat op die opgeslane kopkussing stut. Sy sluit haar oë. Haar pa is 'n Godsdienstige mens en duld nie geweld of oneerlikheid nie. Hy laat haar met rus totdat hulle 'n gemaklike spoed handhaaf huis toe. "Dogtertjie," dit is een van sy vele troetelname vir sy drie meisiekinders en uiteraard weet Lonika dat wanneer hy die spreekvorm gebruik, hy gewoonlik 'n ernstige saak wil bespreek. Lonika draai haar gesig in sy rigting terwyl sy nog steeds haar kop teen die kopstut rus. Sy voel 'n dreigende hoofpyn ontwikkel. "Laat Blacky jou skeisaak hanteer, ek het baie vertroue in die man," adviseer hy haar kalm. Lonika knik goedhartig. Daar heers 'n oomblik van stilte. "Dié Selma vroumens en Wilhelm is baie danig met mekaar," sê hy vertroulik en wag vir 'n reaksie. "Pappa ek weet nie waar dit vandaan kom nie, dit maak nie meer saak nie," sê sy sag en kyk by haar venster uit sodat haar pa nie die teleurstelling in haar oë moet opmerk nie. Haar pa stop voor die hek. "Ek gaan jou net hier aflaai sodat ek nog 'n ding of twee kan doen by die werkswinkel," sê hy. Lonika maak die deur oop en glimlag dankbaar as sy haar pa groet. Sy stap huis toe en talm vir 'n oomblik in die tuin.

Haar ma is 'n uitstekende tuinier en beslis 'n kundige op dié gebied. Sy gaan sit op die bankie onder die boom en adem die varsheid van die vroeglente met lang teue in haar longe in. Sy ondervind genot en 'n kalmte bemeester haar gemoed. Sy voel hoedat haar hoofpyn stelselmatig verlig. "Die tuin van Eden...." fluister sy sag uit eerbied vir haar moeder se kreatiewe handewerk.

Lonika antwoord die telefoon en is opgewonde as sy verneem dat daar vir haar 'n tydelike pos beskikbaar is vir vier maande. Sy sal verantwoordelik wees vir die hantering van die skakelbord by die *Christelike Uitgewers Maatskappy*. Daar is vier inkomende lyne en 108 uitbreidings. Die agentskap vra of sy die volgende dag kan begin en verstrek die adres waar Lonika moet aanmeld vir diens in Roodepoort. Lonika is verlig en opgewonde met die nuwe vooruitsigte en besluit om haar ouers te verras met die nuus, wat vir hulle beslis verwelkomend sal wees. Sy neurie saggies terwyl sy 'n hoendergereg en slaai voorberei vir aandete.

Lonika skryf die datum op haar tydstaat as sy die oggend vir werk aanteken. 10 Oktober 1983. Sy het haar voorgeneem om haar beste te lewer sodat sy dalk 'n permanente pos kan bekom na die baba se geboorte. Haar ma het goedgunstig haar voertuig afgestaan vir haar. Lonika luister aandagtig as sy opgelei word hoe om die skakelbord te hanteer en maak vinnige kort notas. Na twee weke voel sy gemaklik en antwoord spontaan. Die personeel het haar gou gewoond geraak en knoop tussentydse gesprekke met haar aan. Lonika verkies om haar persoonlike omstandighede privaat te hou en drink haar tee in stilte wanneer sy afgelos word. Sy verdien haar eerste inkomste waarop sy haar petrolgeld vir die daaropvolgende twee weke in 'n koevert wegsit. Sy hou daarvan om netjies aan te trek en skaf vir haar 'n goedkoop swangerskaprokkie aan. Tuis neem sy kant en werk dit aan die moue en kragie vas. Dit lyk duursaam en sy glimlag ingenome. Sy pak die vyf pasgebore baba items op die bed uit en vertroetel die sagtheid van die materiaal teen haar wange. Die geel, blou, groen, wit en vlinderagtige kleur kleertjies word na 'n rukkie sorgsaam opgevou en in 'n babamandjie geplaas. Sy sit die geel strepies babakombers bo-op. Sy glimlag ingenome en voel tevrede met haar inkopies. Sy het toevallig by die tweedehandse winkel 'n stootwaentjie gesien wat bekostigbaar is. Sy onderneem om dit met haar volgende verdienste aan te skaf.

Lonika lag blymoedig as sy haar klavier in die voorhuis opmerk wanneer sy die Maandag na werk tuiskom. Sy wonder instinktief of haar pa daarmee iets te doen gehad het en besluit om hom nogtans daarvoor te bedank. Sy gaan gereeld saam met haar ouers kerkdienste toe en het by die koor aangesluit. Dit is vir haar aangenaam om tussen bekendes te wees. Twee maande het snel verby gegaan sedert sy by haar ouers woon. Veron besoek haar van tyd-tot-tyd. Toe Lonika verneem na Stephan se welstand, het Veron spottend gesê: "Die doring het vir hom 'n ander roos gepluk," en haar hand in die lug geswaai asof die onderwerp onbelangrik is. Lonika het wyslik geswyg. Veron het 'n pakkie uitgehaal en gekloek oor die wonders van babas terwyl sy die een slaapfrokkie na die ander op die bank uitpak. Sy het selfs babapoeier, babaroom, en sjampoe in haar pakkie ingesluit. "Ek het by my vriendin gereël dat jy haar babawiegie kan oorkoop, as jy belangstel..." bied Veron aan. "Natuurlik stel ek belang," lag Lonika dankbaar. "Wonderlik!! Ek sal haar nommer vir jou gee," doen Veron aan die hand.

Lonika is bewus van haar baba se bewegings en die patrone van lewenskragtige aktiwiteite binne haar. Sy neem Veron se hand vertroulik en plaas dit op haar geswelde buik. Veron deel die pragtige oomblik met haar terwyl haar gesig ophelder en hulle altwee mekaar moederlik broeis aanstaar. Hulle glimlag tevrede vir mekaar. "Ek is bly jy het gedoen wat jy gedoen het," erken Veron openlik, ernstig. "Ek ook," bevestig Lonika sag, "maar ek is nie bly dat Stephan vir hom 'n ander lê-plek gaan skrop het nie," deel Lonika haar teleurstelling komies met haar vriendin en lag ingenome as Veron haar verbaas aankyk. "Jy steel so wragtig-waar die woorde perfek uit my bek uit!" lag Veron opgewek vir Lonika se sê-ding en verskuif haar hand spontaan as Lonika se buik onverwags teen haar hand vasskop. Hulle lag opgewonde vir die golwende beweging. Die oomblik is gevul met harmonie. Hulle kuier die res van die middag totdat Veron laatmiddag groet en vertrek.

DRIE-EN-TWINTIG

"Wilhelm, hoe staan sake as jy môre doodgaan?" vra Oom Dewald ernstig in die kombuisdeur waar Wilhelm en Stephan koffie drink. "Hoe nou oom Dewald?!" vra Wilhelm verward. "Hoe lyk jou sielsake?" vra Oom Dewald onverstoord en skuif verby Wilhelm om vir hom ook koffie te skink. "Oom Dewald, jý en Oom Boet praat te veel Goddelike dinge hier by die werk," antwoord Wilhelm ligsinnig streng. "Maar ek gaan Oom nogtans antwoord, daar sal 'n hele paar mense wees wat hulle gatte sal sien," lag hy spottend en stap met sy beker uit die kombuis uit. Oom Dewald besluit om ook vir sy mede kollega in die werkswinkel koffie te maak. Hy geniet die man se geselskap en buitendien het hy baie Goddelike insigte wat vir hom wat Dewald is, opbouend kan wees. Hy stap fluit-fluit met die twee bekers koffie werkswinkel toe.

Wilhelm skakel later die oggend Oubaas Meyer, soos wat die gemeenskap hom ken, by Trustbank. Meneer Meyer ontvang Wilhelm vriendelik en nooi hom om te sit. "Waarmee kan ek help Wilhelm?" vra hy beleefd. "Oubaas, ek wil my testament hersien. Het jy dit dalk byderhand?" versoek Wilhelm saaklik. "Natuurlik," bevestig Oubaas Meyer en handig die lêer aan Wilhelm. Wilhelm haal sy swart pen uit en krap Lonika se naam uit. Hy skryf in pen die bedrag vyf-en-dertig-duisend rand as nalatenskap aan Selma Nel. Die oorblywende kapitaal en eiendomme moet verdeel word tussen sy kinders. Daarna onderteken hy die geskrewe gedeeltes en skryf die datum onderaan 12/12/1983. "Oubaas, laat weet my as julle dit klaar getik het sodat ek kan teken," sê hy kortaf, sit die pen op die lêer neer, groet en stap uit. Wilhelm ondervind 'n onverklaarbare angstigheid en nooi sy nuutgevonde vriend om heelwat later die aand saam met hom uit te gaan. Hy tel hom op en hulle ry Rustenburg toe. *Silver Devil* gly oor die langpad terwyl hulle geselsend voortspoed.

Na oggendopening stap Lonika na haar ontvangstoonbank toe.

Sy teken die datum op haar tydstaat 13/12/1983 en ontkoppel die naglyn sodat sy die inkomende oproepe kan beantwoord. Die teedame sit haar tee langs haar op die toonbank neer. Die liggie op die skakelbord flikker aanhoudend. "Christelike Uitgewers Maatskappy. Goeiemôre, hoe kan ek help?" antwoord Lonika vriendelik en professioneel. "Het jy gehoor?" vra Aliske aan die anderkant van die lyn. "Wat gehoor?" reageer Lonika kortaf op Aliske se vraag en wens dat Aliske beskaafd kan groet voordat sy 'n gesprek begin. "Wilhelm het gisteraand verongeluk," deel sy die nuus met Lonika. Lonika bly stil en voel hoedat haar hart onbedaarlik aan die klop gaan en 'n warm gloed oor haar liggaam sprei. Stilte. "Hi, is jy daar.... het jy geweet? Is jy OK?" vra Aliske hard, bekommerd. Lonika sukkel om haar swaar tong te beweeg terwyl haar keel stelselmatig toeknyp. Sy trek haar asem skerp, diep in en die onaangename klank daarvan slaan vas in die agterste gedeelte van haar binneoor. "Lonika, praat met my, is jy OK? Lonika....!" hoor sy Aliske se roepende stem. 'n Ferm hand neem die gehoorstuk uit Lonika se beklemmende palm en praat in die mondstuk. Lonika hoor die vae ego-klanke daarvan. Iemand neem haar van die stoel af en lei haar na die rusbank in die ontvangsarea. Lonika bewe onbedaarlik en haal vinnig en vlak asem. Iemand trek haar skoene uit en laat haar op die rusbank lê. Die vertrek druk haar vas. Die mense smoor haar. Sy veg om op te staan, om te vlug en 'n geweldige naarheid oorrompel haar gestel dat sy skaamteloos die angs in haar maag oor die los kussings van die bank uitbraak. Water word voor haar mond gehou. Sy neem klein slukkies daarvan. Haar liggaam word saggies ferm teen die rusbank gedruk sodat sy haar oë kan toemaak. Sy hoor 'n vrouestem aan iemand sê: "Haar man het gisteraand verongeluk." "My man..... wie se man.....?" rebelleer haar denke. "Wilhelm," antwoord sy haar gedagtes. "Wilhelm is haar man se naam," bevestig die dame besorgd aan die persoon langs haar. Sy hoor 'n mansstem digby haar liggaam praat. "Lonika, ons gaan jou inspuit sodat jy kan ontspan." "Neee! Neee!" roep sy magteloos uit en trane loop oor haar gesig terwyl sy haar arms in die lug swaai. "Moenie spuit nie...." snik sy desperaat. Die manlike geneesheer kyk haar bekommerd aan. "Lonika, ek is 'n dokter. Ek is deel van julle gebedsgroep soggens," sê hy sag bedaard. Lonika maak haar oë moeisaam oop en herken die buitelyne van sy vaderlike gesig. Sy huil saggies en gee haar oor aan die spuitnaald wat in haar vlees ingaan. Sy voel hoedat sy stadig tussen die mistigheid van wolke insink totdat haar asem reëlmatig word en haar liggaam ontspan. Aliske wag angstig dat Lonika se hoof haar terugskakel. Sy is bewus dat Lonika nie die nuus te wagte was nie en dat dit haar onkant gevang het. Nadat sy klaar met Lonika se departementele hoof gepraat het, skakel sy hulle moeder by die werk. Sy verneem dat sy reeds oppad huis toe is om Lonika te ontvang as die werksmense met haar tuiskom.

Die deure van J.S Motors word vir die laaste maal vir besigheid gesluit. Stephan druk die sleutels in sy sak en kry koers Bloudam toe waar hy alleen in sy smart oor sy verlies kan rou. Hy loop op die kant van die dam en gooi klippies oor die water sodat hulle verder en verder oor die oppervlakte van die water spring totdat hy Wilhelm se naam magteloos deur die gange van sy keel uitskreeu terwyl naakte verdriet sy voorkoms belas. Na 'n aantal ure stap Stephan terug na sy motor toe sodat hy bystand kan gee met die nodige reëlings wat daar getref moet word ten opsigte van die besigheid. Op grond van sake het hy immers twintig persent aandeel aan J.S Motor handelaars. Stephan is net betyds om Oubaas Meyer se oproep te beantwoord. "Stephan kom sien my asseblief gou by die bank?" versoek hy saaklik. "Ek's oppad Oubaas," bevestig Stephan en ry tot vlak voor Trustbank. Hy parkeer sy motor en stap die bank binne. Die personeel wil simpatiseer maar hy ontwyk hulle blikke en stap direk na Oubaas se kantoor toe. "Môre Oubaas," groet Stephan. Oubaas Meyer groet stroef en handig 'n geseëlde bruin koevert aan Stephan. "Neem asseblief hierdie koevert nóú onmiddellik na Meneer Beresford in Johannesburg by die Trust afdeling van TrustBank. Hy wag daarvoor." Hy klop Stephan op sy skouer en moedig hom aan om onmiddellik te ry. Stephan neem die koevert, groet hoflik en stap uit.

Lonika krap in haar ontbyt en trek klein repies van haar roosterbrood af. Sy eet samehangend en besluit om dit te laat staan. Haar ma vertrek 'n rukkie later werk toe. Lonika luister as Aliske stukkies van die ongeluk met haar deel. Die pad was blykbaar nat as gevolg van reën. Die Nissan Leopard het om die draai gegly terwyl hulle oppad was na die Sun City Casino naby Rustenburg. Wilhelm het sy nek met die botsing teen 'n boom gebreek en is opslag dood. Sy manlike passasier was ongeskonde. Aliske hou Lonika opsommend dop terwyl sy voortgaan om inligting te deel. Stephan reël vandag dat die wrak na die werkswinkel toe gaan by J.S Motors. Wilhelm se liggaam word later die dag vervoer na AVBOB begrafnisondernemers in Krugersdorp. Wilhelm se ma is in beheer van die begrafnisreëlings. Lonika knik bevestigend en stap na die telefoon in die gang. Sy neem die telefoongids wat op die rak lê en skakel AVBOB Krugersdorp.

Nadat die ontvangsdame geantwoord het stel Lonika haarself bekend. "Hoe laat verwag julle Meneer Schmidt se liggaam?" vra sy saaklik. "Mevrou Schmidt, vanmiddag laat," antwoord die ontvangsdame. "Kan ek u skakel as hy hier is?" "Ja, asseblief?" bevestig Lonika en verskaf haar kontaknommer. Aliske het intussen langs Lonika kom staan. "Moet ek jou neem?" vra sy bekommerd. "Nee, dis iets wat ek alleen wil doen," antwoord sy teruggetrokke. "Nou goed, as jy seker is jy is ok, gaan ek eers weer huistoe," stel Aliske voor. "Ja, asseblief gaan. Ek is regtig piekfyn," stel sy Aliske gerus en groet vriendelik as Aliske haar motorsleutels neem. Sy wag totdat Aliske gery het en skakel haar werksnommer. Sy bedank haar departementele hoof vir sy bystand en die reëlings wat hy die vorige dag gemaak het om haar veilig tuis te besorg. "Ons gaan 'n ander dame gebruik in die pos totdat jy gereed is om jou taak weer op te neem," stel hy haar gerus. Lonika glimlag dankbaar en eindig die gesprek.

Dit is net na vieruur toe AVBOB Lonika skakel. Sy vra of hulle bereid is om vir haar te wag aangesien dit alreeds laat is.

Die ontvangsdame stel haar gerus en Lonika vertrek kort daarna. Sy ry versigtig en parkeer voor die ingang van AVBOB. Sy klim uit en stap die koel vertrek binne. Die verskeidenheid van plante wat in die ontvangsgedeelte staan verryk haar gemoed. Die dame stap verwelkomend nader en kyk haar onseker aan. "Mevrou, is daar iemand saam met u?" vra sy. "Nee," antwoord Lonika en glimlag. "Moet ek saam met u ingaan?" vra sy. "Nee, ek verkies om alleen te wees," antwoord sy sag, dog ferm. Die dame glimlag verstaanbaar en vergesel Lonika tot by die vertrek waar Wilhelm in 'n ligte houtkis lê. Sy neem Lonika sag aan die arm. "Ons het nog nie kans gehad om hom te versorg nie," waarsku sy liggies. Lonika knik en stap stadig na die kis toe. Wilhelm se oë is toe. Hy het 'n sny op sy voorkop. Sy gesig is ligblou. "Dit lyk of hy slaap, of hy onrustig slaap," dink sy. Sy kyk lank na sy beeld en soek na iets, 'n gevoel, 'n verklaring, dalk aanvaarding. Die baba in haar skoot skop ongemaklik hard in haar onderlies sodat sy kreun en teen die kant van die houtkis stut terwyl sy haar been oor die ander een plaas om die ongemak te verwerk. Sy ondervind 'n dringendheid om die vertrek te verlaat. Sy draai om en stap na die veiligheid van haar motor. Sy skakel die musiek aan en ry stadig terug na haar ouerhuis toe.

Stephan het Lonika verwittig van die datum en tyd wanneer die begrafnisdiens gehou sal word. Sy het hom vriendelik bedank vir sy bedagsaamheid en gegroet. Daarna ry sy dorp toe om vir haar 'n toepaslike rokkie te kry. Sy stap na die swangerskapafdeling en koop 'n deftige wit rokkie met 'n paar swart ronde borduursels daarop. Die kraag is van swart satyn. Die moue is met kant en swart satyn afgewerk. Sy trek vir die geleentheid bypassende swart standaard hakskoene aan.

Sy hoor haar ma vroeg die volgende oggend in die kombuis tee maak terwyl Lonika haar hare krul. Sy grimeer lig en plaas klein witswart oorbelletjies in haar ore. Lonika merk dat haar ma klaar aangetrek is as sy die koppie tee langs haar op die spieëlblad plaas. "Drink jou tee sodat ons kan ry," sê sy moederlik. Lonika glimlag. "Dankie, Mamma." Sy neem 'n slukkie warm tee. "Oeee heerlik," sê sy tevrede. Lonika se ma is besorg oor die bleek gelaat wat vir haar in die spieël kyk. Sy het egter seker gemaak dat sy hulle huisdokter se foonnommer byderhand hou indien dit nodig sou wees om hom te kontak.

Wilhelm se kis staan in die ingangsportaal as hulle die kerkgebou binnestap. Die familie groet mekaar en skaar in groepies saam. Stephan stap Lonika en haar ouers tegemoet as hy hulle opmerk. Hy laat Lonika se ouers twee banke agter haar inskuif en lei haar na die voorste bank langs sy ma en tussen Wilhelm se kinders, Lanie en Johan. Lonika groet hulle beleefd. Johan ruil onverwags plekke met sy suster en druk hom langs Lonika in. Lonika glimlag en skuif sy liggaampie digby hare sodat hy, net soos sy, beskut is teen die kilheid van die atmosfeer wat in die kerksaal heers. Sy luister na die diens maar haar aandag dwaal. Sy kyk na vreemde gesigte om haar. Sy hoor sagte gesnik maar haar trane is droog.

Na die diens buig Stephan besorgd oor haar en lei haar na die begrafnisstoet. Lonika merk dat bekendes en onbekendes haar vreemd, vyandig aanstaar. "Moenie jou aan hulle steur nie," beveel Stephan in 'n gedempte stem. Sy knik en skuif op die agterste sitplek langs Lanie en Johan in. Johan sit langs haar. Wilhelm se ma sit voor in die voertuig, langs die bestuurder. Sy praat nie. Lonika skuif haar hand om die sitplek en vryf saggies teen die kant van haar sy, as 'n vorm van troos óf 'n versoeningsgebaar. Die vrou stamp haar hand ru weg. Lonika vou haar hand op haar skoot en kyk by die venster uit. Johan sit sy hand bo-oor hare en glimlag kinderlik as sy vir hom kyk. Hy giggel sag as die baba in Lonika se buik teen sy handjie skop. Lonika verwelkom sy spontaneïteit. "Wanneer kom jou baba?" vra hy onskuldig opgewek. "Johan sit stil," raas die vrou kwaai vanuit die voorste sitplek. Lonika druk haar wysvinger oor haar lippe. "Sjuuuuut…" fluister sy sag en knipoog vriendelik. Hy druk sy hande onder sy bobene in sodat dit plat op die sitplek lê. Hy swaai sy bene vermakerig verveeld heen-en-weer. Lonika hou hom geamuseerd dop terwyl hy in die

161

kar rondkyk. Hulle ry in stilte verder.

Wilhelm se graf is bespreek by Westonaria begraafplaas. Die dominee preek emosieloos en lê die oorskot ten ruste. Die kis sak stadig. Die naasbestaandes snik en druk wit sneesdoekies teen hulle neuse. Lanie en Johan staan voor naby Stephan. Sy gesig is uitdrukkingloos. Die kinders staan stil en kyk hoedat die breë bande langs die kante van die oopgevlekte graf, laer afsak. Blomme word stuk-stuk oor die oop gat uit hande gestrooi, terwyl sommige woorde prewel en ander met strak gesigte die formaliteit voortsit.

Stephan neem Lonika sorgsaam aan haar hand en lei haar na die opening van die graf. Lonika voel haar ma se hand aan die agterkant van haar rug. Sy kyk na die ligte houtkis wat diep op die bodem van die oop gat rus. Sy merk die rooi grond van die aarde wat soos tapyt om die gat vou. Haar ingewande bewe liggies asof sy nie deel is daarvan nie. Iemand druk 'n handvol blomstrooisels in haar hande. Sy voel haar knieë verlam, swik en 'n swaartekrag wat haar aftrek, afvors die diepte van die gat in. Haar liggaam verslap. Sy is bewus van sterk arms wat haar met krag van die kante van die afgrond terughou. "Wilhelm! Waarheen nou?" hoor sy uit haar binneste skeur, 'n stem rou en onherkenbaar gebroke. Sy word weggeneem en iewers in veiligheid gebring.

"Drink nog 'n slukkie," herken sy haar ma se stem. "Daar's hy.. dis beter," troos sy tevrede. Die voertuig kom in beweging. Lonika kyk na die groepie mense en haar oë ontmoet dié van 'n blonde, slanke, jong vrou wat nuuskierig in haar rigting staar. Lonika sluit haar gelaat en draai haar gesig moeg na haar ma wat langs haar sit en haar bekommerd aankyk. "Vat my huis toe, Mamma," smeek sy en gee haar oor aan die beskerming wat die oomblik haar bied. Dokter Terblanche, die algemene huisdokter, het Lonika 'n slaapmiddel gegee nadat hulle tuis gekom het sodat sy kan rus. "Sy is nou ses maande swanger. Dit is nog te vroeg vir die baba. Ek sal elke dag huisbesoek doen voordat ek spreekkamer toe gaan," stel hy Lonika se ma gerus. "Sien toe dat sy genoeg rus." Hy groet bemoedigend en stap weg.

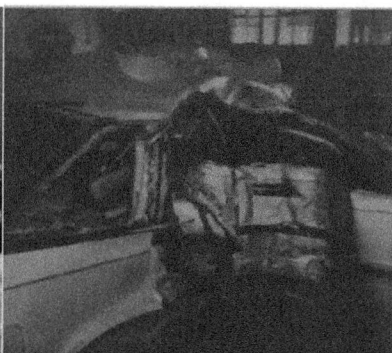

VIER-EN-TWINTIG

Die son trek deur die kantgordyn en maak wulpse patroontjies op die kant van die bed langs Lonika. Lonika voel die ritmiese beweging in haar buik en ervaar oomblikke van genot as dit voel of die baba lank uitgestrek oor die lengte van haar baarmoeder rek. Sy vryf speels oor haar swanger onderlyf en giggel vermakerig terwyl sy moederlike geselsies met die ongebore baba voer. Veron het haar toegegooi met baba benodigdhede wat sy van heinde en verre gebedel het. "Sy's 'n besondere vriendin," dink Lonika blymoedig. Lonika het haar tydelike pos laat vaar weens haar gesondheid en sedert die begrafnis hou haar ma haar onder 'n streng, wakende oog.

Lonika neem 'n koel bad en trek 'n ligte, los rokkie aan. Sy vertrek na 'n uur in die rigting van die kleinhoewe. Sy merk dat die vertoonlokaal se deur op 'n skrefie oopstaan as sy verby ry en draai op die ingewing van die oomblik by die robot regs. Sy parkeer voor die vertoonlokaal. Sy klim uit, skuif die deur effens oper en stap na binne. Stephan draai om toe hy haar opmerk. "Hallo," groet hy verras. "Ek's besig met voorraadopname," verduidelik hy en sit die papier op die kant van Oom Dewald se lessenaar neer. Hy soengroet haar op haar wang. "Jy lyk sommer stukke beter na die laaste keer wat ek jou gesien het," lag hy gemaklik. "Ek voel beter," glimlag sy terug. "Is almal weg?" vra sy belangstellend. "Jip," knik hy sy kop en staan met sy hande in sy sye. Lonika sien die wrak by die opening van die werkswinkel staan. Sy stap daarheen. "Skoonsus, is jy seker dit is wat jy wil doen?" vra hy huiwerig, bekommerd en wil haar terughou deur sy hand op haar arm te plaas. "Ek's seker," bevestig sy waarskuwend, streng. Sy stap tot by die bestuurskant. Die rooi leersitplek lê uit proporsie gedruk teen die kant van die deur. Die regterkantse gedeelte van die Nissan Leopard is dubbel geknak. Die stuurwiel is gebuig na die regterkant toe. Lonika buk 'n klein bietjie laer en staar waarnemend na die passasierskant.

Die oppervlakte is onbeskadig. Die leuning van die sitplek is platgeslaan. "Sy vriend het gelê toe die kar gegly het," verduidelik Stephan simpatiek. Lonika knik ingedagte. Sy neem haar kamera uit haar handsak en begin foto's neem van die wrak, die boot wat langs die wrak staan, die gebou en Wilhelm se kantoor. Stephan kyk haar verslae aan. Sy ignoreer hom. "Wil jy koffie hê?" vra hy. "Nee dankie, ek's haastig," antwoord sy saaklik en soengroet hom op sy wang as sy uitstap na haar kar toe. Hy trek sy wenkbroue omhoog en staar haar motor verward agterna. "Bliksem," sê hy in ongeloof en loop ingedagte kombuis toe om vir hom sy gebruiklike sterk Jacobs koffie te maak.

Lonika skuif die hek van die kleinhoewe oop. Sy kyk na die leë huis voor haar. Sy trek die motor onder die druiweprieel in. Sy sien Wagter se hok is ook weggeneem. Sy sluit die agterdeur oop en stap deur die groot huis. Sy maak die kombuiskasdeure oop en besef dat selfs dié kaste leeg is. Sy stap vinnig na hulle hoofslaapkamer en maak Wilhelm se kas oop. Dié is ook leeg. Die klank van die huis is ewe skielik spookagtig dor en bedrieglik. Sy voel 'n angs vanuit haar binneste opswel en stap na buite.

"Mevrou," roep Sara uitasem terwyl sy ontsteld nader drafstap. Lonika wag geduldig dat sy haar bereik. "Hulle het almal na die dag van Meneer se dood hier kom bly." Sy haal skerp, diep asem. "En na die begrafnis al die meubels gevat, hulle karre met sy klere en huisgoed gepak..." Sy skep weer asem, "Meneer se má het alles gereël…. hulle het gebraai en ge-*party*...!" Sy swaai haar hand in die rigting van die pad. "Toe vat hulle koers en los die huis nét sô…." sy wys na die huis en kyk Lonika hopeloos, tranerig aan. Lonika is verbaas oor Sara se onbeheersde uitlating en besef dat die gebeurtenis vir haar, Sara, net so dramaties was, as vir haarself. "Hoe gaan dit met jou Sara?" vra Lonika besorgd en neem albei Sara se hande in hare. Sara begin saggies huil. "Het iemand jou betaal vir jou dienste?" wil Lonika weet. Sara skud haar kop ontkennend. "Wat het hulle met Wagter gemaak?" vra Lonika om self bevestiging te kry vir die vrae wat in haar kop maal. Sara trek haar skouers op en huil harder. Lonika besef dit is 'n onbegonne taak om Sara bloot te stel aan al die vrae. Sy stap motor toe en haal twintig rand uit haar handsak. "Sara dit is al wat ek nou het," sy oorhandig die geld. "Sal jy ander werk kan kry?" vra sy bekommerd. Sara knik haar kop en Lonika sug verlig as Sara na die buurman se kleinhoewe wys. Lonika voel die dringendheid om te vertrek. Sy groet Sara en beloof om haar weer te besoek. Sy stap motor toe. Sara maak die hek oop en kyk Lonika se kar agterna as sy vertrek. Lonika voel ellendig, misrabel om Sara in dié toestand agter te laat. Sy draai regs in die hoofpad. Sy ry Westonaria toe. Sy stop voor Wilhelm se ma se huis. Sy maak die voorhekkie oop en stap die rooi, gepoleerde trappies flink op tot op die voorstoep. Sy klop saaklik, vasberade aan die voordeur en wag ongeduldig dat die ouer vrou oopmaak.

Die deur gaan na minute oop. Lonika merk die skrik in Wilhelm se ma se oë as sy haar besoeker herken. Die vrou nooi haar nie binne nie. "Gaan Ma my nie innooi nie?" vra Lonika streng, braaf. Die ouer vrou huiwer en Lonika skuur verby haar. Sy stap voorhuis toe en skuif gemaklik in een van die diepsittende stoele in. Sy rus haar voorarm op die armleuning. Die ouer vrou neem op die kant van die rusbank oorkant Lonika plaas. Sy kyk Lonika uitdagend aan. Lonika gluur terug. Stilte sak swaar op die twee stil figure neer terwyl elk vasgevang is met hulle eie worstelinge.

Lonika besef dat sy geweldig baie onbeantwoorde vrae het en geen idee het waar om te begin nie. "Kan ek die badkamer gebruik?" vra sy hulpeloos om tyd te win sodat sy haar gedagtes kan formuleer. Sy het 'n veglustige, onbeheerde, behoefte om klaring te kry vir al die ongevraagde vernederings wat sy vir een-of-ander rede moes verduur het. Sy vertoef in die badkamer. Sy was haar hande onder die koue kraan en draai die kraan versteurd toe as die reuk in die badkamer haar herinner aan 'n onaangename gebeurtenis wat iewers plaasgevind het. Sy snuif agter die reuk aan en maak badkamerkassies bewerig oop-en-toe. Haar oog val op 'n groot bottel lewensessens. Sy haal dit van die rakkie af en ruik daaraan. Sy voel 'n naarheid wat teen haar verhemelte vasslaan. Sy kreun as die skop aan die onderkant van haar lies haar teen die wasbak laat steier. Haar buik trek 'n onnatuurlike knop aan die onderkant van haar abdomen. Sy maak haar oë toe en vryf stadig en ferm oor die knop terwyl sy diep teue asem in haar longe intrek. Die sametrekking ontspan geleidelik. Lonika gaan sit op die kant van die bad. Sy kyk teen die plafon in die hoek van die badkamer, waar die son 'n streepseltjie maak. Sy voel hoedat sy stadig ontspan. Sy neem die botteltjie lewensessens en stap vasberade terug sitkamer toe.

Wilhelm se ma sit nog op dieselfde plek en staar na die kringmotiewe wat op die mat aangebring is. Lonika buig op haar hurke voor die ouer vrou en wag dat sy opkyk. Sy neem die ouervrou se willose hand in hare en plaas die bottel lewensessens stadig daarin. Sy kyk lank na haar. Teleurstelling en ontnugtering ontbloot haar hart terwyl rou woorde vanuit 'n verwonde siel oor haar lippe gaan. "'n Lewe vir 'n lewe…." fluister Lonika bewerig, aanmatigend en pynlik seer. Poele van afsku kom lê vlak in haar oë. Sy staan moeg op en behou die ouer vrou se aandag terwyl sy weerloos omdraai en voordeur toe stap. "Jy was nie goed genoeg vir hom nie!" hoor sy die ouer vrou se krakerige stem agter haar aanskreeu. Lonika stap die trappies af. "Mag jou gewete jou vergesel tot in jou graf," dink Lonika verfoeilik en maak die hekkie agter haar toe.

Lonika ry stil huis toe. Sy laat toe dat die wêreld van 'niks' haar in sy arms neem en veilig by die huis besorg. Sy stap na haar kamer toe en druk 'n kussing onder haar opgehewe buik in. "Here laat my rus," bid sy en knoop haar vingers onder haar kopkussing, as 'n eenheid inmekaar, sodat sy die teenwoordigheid van haar God kan ervaar. Sy slaap.

VYF-EN-TWINTIG

"Dogtertjie..." hoor sy haar pa se stem. Sy maak haar oë stadig oop. Hy glimlag en gaan sit gemaklik op die kant van haar bed. Hy het 'n bruin koevert in sy hand. "Hoekom lyk dit of Pappa die kat se melk gesteel het?" vra Lonika komies, lomerig. Oom Boet lag tevrede. "Dis die eerste keer dat ek iemand sien wat aanmekaar kan slaap," terg hy gemoedelik terug. Lonika rek haar oë verbaas en gaap liggies agter haar hand. Regtig?" vra sy verbaas. "Slaap is goed vir haar," skerm haar ma en sit 'n koppie tee op die bedkassie neer. Sy trek groot oë vir pa en stap kombuis toe. "Is jy reg vir besigheid?" vra haar pa ernstig. "Laat die kind eers eet, Boet." sê haar ma kwaai. Lonika sit haar hand op haar pa se arm. "Ek's reg vir besigheid, Pappa," antwoord Lonika en vryf met haar hande deur haar deurmekaar hare. "Mag ek net eers my tande gaan borsel?" vra sy en skop die laken liggies van haar bene af. "Dit voel of 'n aasvoël nes kom skop het in my mond," sê sy as sy badkamer toe draf. Haar pa lag gemoedelik as hy die bekende terggees in haar opmerk. Lonika is gou weer terug. Sy volg haar pa voorhuis toe. "Lonika, waar's jou skoene?" raas haar ma streng as sy verby die kombuis loop. "Ai toggie," sug Lonika en drafstap terug kamer toe om haar pantoffels oor haar voete te trek. Sy gryp haar japon in die verbyloop van die deurhak af en gooi dit oor haar skouers.

Sy klouter twee-voetig langs haar pa op die bank en buig haar bene onder haar in. Sy neem 'n bankkussing en plaas dit onder haar buik. "Pappa hoe lank het ek regtig geslaap?" vra sy bekommerd. "Net 'n dag en 'n half kinta," antwoord hy eerlik en maak die koevert oop. Lonika voel die bekende ritmiese bewegings in haar onderlyf en glimlag tevrede. "Hier's Wilhelm se testament," sê haar pa en wys die veranderings op die papier uit wat met pen aangebring is. "Ek het Meneer Blacky Swart opdrag gegee om op te tree in die belang van die baba sodat die erfporsie drievoudig verdeel word," lig hy Lonika kortliks in. "Dankie

Pappa," sê Lonika sag. Haar pa skuif skuins sodat hy direk na haar kan kyk "Dogtertjie, ek vermoed daar is onreëlmatighede gepleeg rondom die testament." Hy bly 'n oomblik stil. "Meneer Swart het ook bevestig dat daar belasting tekorte is óf glad nie oorbetaal is nie." Hy dink weer voordat hy verder praat. "Wilhelm se ma is doenig met die eksekuteurs." Hy bly stil en Lonika merk die kommer op sy gesig. "Pappa wat ookal gebeur moet gebeur.... ek is moeg vir baklei," sê sy sag. Hy knik sy kop verstaanbaar as hy die gelatenheid op haar gesig sien. "Kom eet!" roep haar ma en Lonika voel rasend honger as sy die kombuis binnestap. "Ma se kombuis," dink sy dankbaar. Sy staan na 'n rukkie op en skep nog 'n lepel vol gekookte boontjies met fyngedrukte aartappels en soet pampoen in haar bord.

Na 'n aantal huisbesoeke is Dokter Terblanche tevrede. "Mevrou Schmidt jy is nou ongeveer twee-en dertig weke swanger," bevestig hy tevrede. " Alles lyk in orde. Julle het my semafoonnommer... hou dit byderhand as julle my dringend nodig het. Dit is belangrik dat jy bedrus," lig hy haar in. "Jou liggaam is die broeikas vir jou baba en ons wil enige vorm van komplikasies rondom dit vermy. Hoe langer jou baba binne jou groei hoe groter die kanse vir oorlewing," sê hy streng en wag dat sy bevestigend knik voordat hy verder praat. "Plaas twee kussings onder jou enkels wanneer jy rus." Hy glimlag tevrede as hy sien dat sy sy opdragte verstaan en neem sy dokterstas. "Wanneer is jou volgende besoek aan jou ginekoloog?" vra hy belangstellend. "Ek sien hom eenkeer per week," antwoord Lonika. "Neem iemand jou vir jou afspraak?" Lonika knik. "Goed," sê hy tevrede en stap uit. Lonika lê en luister hoe hy deur die huis stap en die tuinhekkie toetrek. Sy dink aan sy opdragte en plaas kussings onder haar enkels. Sy trek haar hardeband boek wat Veron vir haar as geskenk gegee het nader en lees verder waar sy laas opgehou het.

Dit is vroegoggend, net na vier, toe Lonika sukkelend die gang afstap na haar ouers se kamer toe. "Mamma....... Mamma! Word wakker....." fluister Lonika dringend terwyl sy haar buik vashou.

Sy staan gebukkend om die drukkende pyn wat in haar onderlyf en bene afskiet, te verhoed. Sy kreun liggies as haar ma haar oë oopmaak en dadelik die bedlampie aanskakel. "Ons moet ry, Mamma.... iets is nie reg nie," sê Lonika dringend met 'n tranerige stem. Lonika stap krom terug na haar kamer toe en neem haar hospitaaltas. Die huis is in rep en roer as haar ma bevele gee en Lonika stut terwyl sy haar handsak oor haar skouer gooi. "Ek het Dokter Terblanche laat weet," stel sy Lonika gerus. "Hy sal ons by ongevalle kry." Lonika knik kreunend. Haar ma help haar op die agterste sitplek en skuif langs haar in.

Hulle bereik die hospitaal na ongeveer vyf-en-veertig minute. Dokter Terblanche is dadelik byderhand as die verpleegpersoneel die ongevalle bed uitstoot. Hy tel Lonika van die agterste sitplek op en plaas haar op die bed. "Teken haar solank by die ontvangstoonbank in," sê hy oor sy skouers aan Lonika se ouers. "Ons gaan haar voorberei vir teater. Die personeel sal julle wys waarheen om te gaan." Hy verdwyn saam met die trolliebed waarop Lonika lê, in die hysbak. Hy hou haar besorgd dop en monitor haar bloeddruk en hartklop terwyl sy in die voorbereidingkamer lê. Hy dien 'n ligte kalmeermiddel toe. Haar Ginekoloog kom staan langs Lonika se bed en plaas sy hand op haar arm. Dit stel haar gerus. Hy verduidelik vlugtig wat sy te wagte kan wees voor-en-na die operasie. "Ons gaan 'n noodkeisersnee toepas wat beteken dat jy narkose gaan ontvang wat jou heeltemal aan die slaap gaan maak." Hy bly 'n oomblik stil. "Ons is besorg oor jou en die baba se lewe, verstaan jy?" vra hy besorgd, ernstig. Lonika knik. Sy word die teatersaal binnegestoot. Die verpleeg- en tegniese personeel werk flink en Lonika word vlugtig aan die narkotiseur voorgestel. 'n Skerm word tussen haar gesig en die operasieveld aangebring. "Dis 'n voortydige geboorte," bevestig haar ginekoloog. "Hoeveel weke?" vra die narkotiseur belangstellend. Ongeveer agt-en-dertig," antwoord die ginekoloog. Lonika se oë word swaar en sy voel 'n sagte druising in haar binne-oor as sy dieper wegsink totdat al haar sintuie gedoof is. Haar vel op die maag word vlugtig skoongemaak en 'n horisontale snit word in die vel bo die pubis gemaak. Die ginekoloog sny deur die maagspiere, skei dit van mekaar en maak 'n horisontale snit in die baarmoeder sodat die vrugwater uitgesuig kan word. 'n Babadogtertjie word uit die baarmoeder gehaal. Die ginekoloog, saam met sy assistent, werk vinnig en akkuraat en oorhandig die baba aan die pediater. Die baba se gewig is minder as 2500g. Die pediater is besorgd as sy merk dat die baba probleme ondervind met asemhaling- en onreëlmatige hartklop. Sy word sonder versuim gekoppel aan 'n respirator en verskeidenheid van buise wat ook bydrae tot binneaardse voeding. Die baba word in 'n isolator geplaas om haar liggaamstemperatuur te stabiliseer.

Lonika beweeg in 'n nagmerrie waar sy koue, harde gille teen sementblokke uitskreeu terwyl elektriese spinnekopdrade al om haar gespin is en haar weerhou om deur hulle te breek. Sy hoor haar eie stem terug teen haar ego as sy die een naam na die ander uitgil om hulp terwyl die drade wat elektries belaai is weerskante van haar teen die sement flits. Sy koes en skuil teen die spattende vonke en beur vorentoe om deur die drade te beweeg. Sy sien Wilhelm iewers tussen die gange van die sementblokke en roep desperaat na hom vir hulp maar die klank dring nie deur die gange nie en hang donker bo haar kop.

Die ginekoloog verlos die plasenta, werk die baarmoeder toe en verbind die oorblywende lae vel, weefsel en spiere met steke. Dit duur 'n rukkie voordat Lonika uitgestoot word na die herstelkamer waar sy sorgvuldig gemonitor word. Na ongeveer veertig minute word die saal in kennis gestel om haar te kom haal.

"Mevrou Schmidt... Mevrou Schmidt. U het 'n dogtertjie, maak oop u oë sodat ons kan sien dat u wakker is," hoor Lonika iemand in haar omgewing sing-roep en voel onbewustelik verlig as die klank verskil van dié van die nagmerrie. "Die vroutjie sukkel om wakker te word," praat die stem emosieloos. "Het jy gehoor van haar baba," antwoord die ander stem. "Sy is na die Intensiewe Sorgeenheid gestuur, komplikasies," praat dieselfde stem verder. Lonika kreun en veg teen die oorweldigende willoosheid van haar liggaam om orent te beur. "Sy's wakker," hoor sy weer die bekende stem. "Mevrou Schmidt, ons gaan nou vir u iets gee vir pyn." "Dokter het iets voorgeskryf," antwoord die ander stem. Lonika voel die ongemak van die blaaskateter as die buis ongemaklik onder oor haar bobeen lê. Die suster spuit 'n ligte dosis morfien in haar drup. Lonika raak kalm as sy doelloos deur die poorte van rus beweeg.

SES-EN-TWINTIG

Lonika se lyf bewe onbedaarlik. Sy ruk van die koue. Sweet vorm op haar voorkop en liggaam. Die nagverpleegster staan langs haar bed en monitor haar bloeddruk. Lonika merk haar in die skadu van die dowwe bedlampie. "Ek kry koud...." kla Lonika sag. "Ek bring nou vir jou 'n ekstra kombers," antwoord die verpleegster vriendelik. Lonika voel verlig as sy die kombers sorgsaam oor haar liggaam gooi. "Waar's my baba," vra Lonika bekommerd. Sy merk dat sy alleen in 'n saal lê. "Kan ek vir jou iets vir pyn gee?" vermy die verpleegster Lonika se vraag. "Nee dankie. Is my baba ok?" dring Lonika op 'n antwoord aan en onderdruk die angsgevoel. "Jou baba is in goeie hande." Die verpleegster huiwer terwyl sy bekommerd na Lonika kyk. "Ek sal die suster vra om ICU te skakel en vir jou terugvoering te gee," bied sy aan. Lonika laat haar kop weer terugsak teen die kussings. Dit neem nie lank voordat die suster langs haar bed staan nie. "Mevrou, jou baba se asemhaling en hartklop word deurentyd gemonitor. Sy's in goeie hande," stel die suster Lonika tevrede.

Lonika kry nie die onderdrukte bekommernis afgeskud nie. Trane loop teen die kante van haar wange af en vorm nat kolletjies weerskante van haar wit kussing. Dit is ongeveer drie-uur die oggend. Lonika luister na die gedempte, naghospitaalbedrywighede. Die suster kom staan langs Lonika se bed. Lonika kyk in afwagting na haar. Sy hoor die dringendheid in haar houding nog voordat sy praat "Mevrou, jou baba gaan nou per ambulans na die intensiewe sorgeenheid vir pasgebore babas in Johannesburg Algemene Hospitaal geneem word. Die baba is reeds gereed om vervoer te word...." sy aarsel 'n oomblik. "Wil jy jou baba sien voordat hulle vertrek?" Lonika trek haar asem skerp in. "Ja... asseblief." antwoord Lonika dringend, bedaard, dog ferm.

Die suster stoot 'n rystoel nader. Twee verpleegsters help Lonika om gemaklik te sit en stoot haar na waar die broeikas staan. Lonika beur orent toe sy naby is en stut haar liggaam op die armleunings. Die verpleegsters ondersteun haar sodat sy gemaklik kan staan. Sy steek haar hand deur die plastiese omhulsel wat binne in die broeikas invou. Sy glimlag moederlik en gesels babataal terwyl trane skaamteloos oor haar wange loop. Die baba is blou en draai haar koppie stadig na waar Lonika staan. Sy maak haar klein skrefiesogies oop en staar na Lonika. Lonika voel 'n oorweldigende gevoel wat tussen liefde, besorgdheid, trots en hemels is en sy weet instinktief dít wat sy ervaar is onbeskryflik perfek. Die baba beweeg haar bewerige armpie in die lug na waar die omhulsel om Lonika se hand is en vou haar handjie om Lonika se wysvinger. Lonika laghuil in verwondering. Sy fluister sag, troetel, moederlike woordjies. Die wonder van die oomblik breek soos die omhulsel van 'n baarwand en omvou hulle samesyn, bedek en verheilig die oomblik. Die babagreep om Lonika se vinger verstewig en klou afhanklik stywer as sy haar ogies stil-stil, kyk-kyk knip. Lonika se traan val op die oppervlakte van die broeikas en haar hart skeur stukkend as die verpleegpersoneel haar ferm van die baba af wegneem terwyl die ambulanspersoneel die versorging van die baba oorneem. Lonika huil skaamteloos, kermend asof die lewe self in haar tot stilstand roep. Sy word sag in haar hospitaalbed gehelp terwyl haar rukkende liggaam die laaste huil uit haar wese wurg. Die suster spuit haar in en haar liggaam verslap.

Lonika hoor haar ma se voetstappe in die gang van die hospitaal afstap. Sy loop vinnig. Die nagpersoneel het skofte geruil. Lonika hoor haar ma as sy met 'n gedempte stem praat en kort daarna by haar kamer instap. Sy lyk moeg. Sy trek die bankie langs Lonika se bed uit en gaan sit sonder versuim daarop. Sy hou haar handsak op haar skoot asof dit 'n vorm van 'n skans, 'n wegkomkans, is. Sy kyk Lonika sprakeloos aan en trek haar asem lank en diep in. "Ons weet nie óf sy dit gaan maak nie," sê haar ma saggies, reguit en neem Lonika se hand in hare. Lonika staar dak toe. Sy wil niks meer hoor nie. Sy huil na binne. Die snikke het opgedroog. Dis net vormlose trane wat langs haar wange afloop, haar longe seermaak, haar hart skeur, haar keel smoor en haar liggaam soos wind laat wapper, sweefbaar lig maak. Haar neus voel branderig as sy lug in-en-uit blaas terwyl geluide haar keel smoor. Haar ma buig stil oor haar. Lonika sien die verwesenheid op haar gesig. Die oomblik is leeg. Lonika voel naarheid teen haar keel opstoot. Sy begin saggies huil terwyl haar tong swaar gemeng met speeksel van verdriet die smaak van narkose teen haar verhemelte vasdruk. Lonika stoot haar ma weg en probeer uit die bed klim. "Ek moet uit.....!" huil Lonika. "Help my badkamer toe," smeek sy hulpsoekend. Haar ma help haar en stoot die deur wyslik agter haar toe om Lonika 'n tyd alleen te gee. Lonika buig oor die toiletbak en braak die bitterheid uit haar gestel. Sy kots tot die vog in haar maag klonte van seer trek. Sy sak uitgeput op die grond neer, gevul met rou snikke wat die kamer vul. "Here!" roep sy desperaat. "Here!" huil sy harder. "Spaar haar asseblief....... gee haar lewe!" gil haar wese terwyl sy haar hande bak na bo hou. Haar siel bedel by God, haar gees smeek. "Ek beloof om haar op te voed vir U, ek sal haar leer van U Grootheid...." haar klaaglied word harder, desperater, dreigend soos wat net 'n moeder kan. "Ek sal haar van U Liefde leer...., van U Genade leer....," dan offer sy, onderhandel sy. 'n Desperate poging waarin sy kompromie offer, skikking bied. 'Wys my tog net hoe Groot U Genade is, sodat ek daarvolgens kan meet."

Ligte snikke ontsnap Lonika se liggaam as sy die klank van die Gesag in haar teenwoordigheid hoor. "'n Lewe vir 'n lewe...?" vra die Stem streng, Vaderlik. Lonika gryp die geleentheid sonder versuim aan. Sy ruil uit. "My lewe vir hare," offer sy onvoorwaardelik, respekvol, sag gebiedend. "Neem myne vir hare," bied sy weer aan. Die Stem is stil. Lonika wag, maar die oomblik is onherroepbaar verby. Haar sielskneusende, verwronge liggaam word versigtig van die vloer af opgetel en sorgvuldig terug op die bed geplaas. Sy het naaktheid gevind in haar siel en oorgegee aan 'U Wil'. Die suster spuit haar in. Haar moeder wag totdat sy rustig slaap voordat sy terug ry Johannesburg Algemene Hospitaal toe, daar waar 'n skepseltjie baklei tussen lewe en dood.

Die verpleegster haal die blaaskateter uit. Die drup word later die middag afgehaal. "Mevrou, U suster wil weet wat u dogtertjie se naam is?" vra die verpleegster besorgd terwyl sy na Lonika se stil liggaam kyk. Lonika se gesig is neutraal. "Ek weet nie," sê Lonika leweloos. Die verpleegster skud haar kop sprakeloos, moedeloos. Sy trek die laken netjies teen Lonika se skouers op en stap uit om na die ander pasiënte om te sien. Lonika sluimer in.

Die verpleegster kom groet voordat sy van diens afgaan. Sy skuif die laken gelyk by Lonika se skouers. Lonika kyk haar versteurd aan. "Lodene..." fluister sy sag, betekenisvol. Lonika frons. "Lodene.... is haar naam." Die verpleegster glimlag heimlik. "Jou sussie sê jy moet haar Lodene noem," herhaal sy sag, opgewonde. Lonika staar haar aan en 'n sagte glimlag sprei oor haar gesig. Sy kyk betekenisvol na die verpleegster. "Dankie..... " fluister sy terwyl trane van dankbaarheid onder haar ooglede vorm . Haar gelaat helder op en vul haar met lewe. "Dis 'n bevestiging.... my gebed is verhoor...." snik sy sag, dankbaar. "Sy gaan leef," bely sy teenoor die verpleegster se verstomde gelaat. "Dankie my God, my Meester...." prys sy sag, vasgevang in oorvloed van dankbaarheid. "U Genade is Groot......." snik sy sag as sy die wonder aanskou. Sy lag terwyl die vogtigheid van haar blywende gemoed haar wange verkleur. Die verpleegster glimlag dankbaar terug en vee 'n lastige traan met die agterkant van haar hand weg. "Sy Genade is Lewensgroot,' sug sy betekenisvol en skud die kussings uit wat sy behendig agter Lonika se rug indruk. Lonika laat toe dat spraakloosheid haar wese dien terwyl sy haar innerlike voed met 'Dít wat Lewe is'.

SEWE-EN-TWINTIG

"Kan ons by die hospitaal stop oppad huis toe?" versoek Lonika sag as sy na haar ma kyk terwyl sy bestuur. Sy draai vlugtig in Lonika se rigting en knik bevestigend. Die steke trek styf aan die onderkant van Lonika se buik en sy skuif om gemakliker te sit. Sy trek haar vingers opgewonde deur haar lastige kuif en glimlag opgewek. Lonika se ma glimlag breed as Lonika haar laat terugdink aan haar dogtertjie dae. "Jy lyk net so opgesmuk soos wat jy gelyk het met die ontvangs van jou eerste pop," terg haar ma opgewek, bemoedigend. "Nee, ek doen nie...." praat Lonika tee. "Ja, jy doen. Veral as jy rondgeslons het in my hoëhakskoene," lag haar ma spottenderwys, "en jou gesig besmeer het met my lipstiffie," kan sy nie verhelp om laggend by te voeg nie. Lonika lag ontspanne saam en herroep haar kinderjare. "Behalwe dat jou gesig nou versag het en jy eg moederlik geword het," komplimenteer haar ma en kyk teer na Lonika. "Dankie Mamma," sê Lonika aangeraak, trots. "Daar het 'n dam vol water in die see geloop," dink sy nadenkend en kyk by haar venster uit. Lonika se ma reël vir 'n rystoel en stap saam met die verpleegster as hulle na die Intensiewe Kindersorgeenheid geneem word.

Lonika word sorgvuldig gewys hoe om haar hande te was en 'n oorjassie aan te trek voordat sy die vertrek mag binnegaan. Die deur word vir haar en haar ma oopgemaak. Hulle word na 'baba Lodene Schmidt' geneem. Die spesiaal opgeleide personeel monitor die masjiene. Lonika stap stadig nader en staar ontsteld na die hele aantal buisies wat in haar baba se lyfie ingedruk is. Sy hoor die sagte, ritmiese hartklop op die monitor. Die suster draai om en glimlag verwelkomend. "Ons is bly u is hier," sê sy met 'n glimlag, sit 'n kussing op die stoel naby die oop boksbroeikas neer en wys vir Lonika om daarin plaas te neem.

Lonika skuif in die stoel in en rek die boonste gedeelte van haar liggaam sodat sy haar baba beter kan sien. Die suster verskuif die buisies en lig die baba uit haar boksie uit en plaas haar in Lonika se skoot. Sy verplaas die buisies sodat dit gemaklik oor Lonika se bene rus. Lonika se vingers streel oor die piepklein handjies. Die baba reageer en vou haar vingers om Lonika se duim. Lonika glimlag innerlik verheug en verkyk haar aan die wonderbaarlike wese wat op haar skoot lê. Lodene is rustig en draai haar koppie om Lonika te eien.

Die suster verduidelik kortliks Lodene se mediese versorging. "Ons hou jou baba in isolasie sodat ons die hitte kan beheer om konstante liggaamstemperature te verseker, bloot om dieselfde effek as die baarmoeder, na te boots. Baba ondervind nog asemhalingsprobleme, is ook ondergewig en nie gereed vir die buitewêreld nie, as gevolg van onstabiele lewensbelangrike eienskappe wat die liggaam vereis. Ons wil langdurige neurologiese nagevolge vermy as dit moontlik is. Ons voed baba. Dis die buisie hier met hoër kalorievoedsel. Die behandeling sluit IV-hidrasie en ander bewysgebaseerde terapieë in." Sy glimlag bemoedigend vir Lonika en verduidelik verder: "Baba se longe is onder-ontwikkel, of onvolwasse en daarom die asemhalingsprobleem. Dis die asemhalingsbuisie hierdie." Sy neem die buisie liggies in haar hande, "en dis die ventilator waaraan dit gekoppel is. Baba se hartkloppie is reëlmatig en sy behou haar tempo. Die hartjie is sterk. Ons is tevrede. Jy kan die hartklopritmes op die monitor sien." Sy wys in die rigting van die klein monitortjie wat buitekant die boksie aangebring is. Sy glimlag bemoedigend en laat die groepie agter terwyl hulle sagkens baba Lodene vertroetel. "Ouma se tweede kleinkind," terg Lonika haar ma gemoedelik as sy dink aan Aliske wat geboorte geskenk het aan 'n babaseuntjie. Lonika sien die trots wat in haar ma se oë skuil en sy ondervind 'n gelukswaarwording wat hulle omhul.

Lonika ontvang hospitaal- en doktersrekeninge wat in hulle huisposbus geplaas word. Sy maak een-een oop en stapel hulle opmekaar. Onder andere die ambulansrekening. Dit is baba Lodene se derde week in die hospitaal. Lonika stap na die telefoon in die gang en skakel die personeelagentskap wat haar van die vorige werk voorsien het. Sy bied haar dienste aan. Die agentskap verwelkom haar terug en wens haar terselfdertyd geluk met haar moederskap. Ofskoon Lonika se gesondheid nog nie na wense is nie, ry sy elke oggend Johannesburg Algemene Hospitaal toe om by haar baba te wees. Die verpleegkundiges wys haar hoe om haar baba te versorg en verskaf advies waar dit nodig is. Lonika geniet elke oomblik daarvan. Sy neem moeilik afskeid as sy laatmiddag huis toe vertrek.

Dit is laataand toe Lonika stil langs die eetkamertafel inskuif en die skryfblok oopmaak. Sy plaas die hopie rekeninge voor haar. Sy neem die twee afsonderlike hospitale se rekeninge en rig 'n skrywe waarin sy verwys na die rekeninge. Sy verduidelik haar omstandighede kortliks maar onderneem om die rekeninge te vereffen sodra sy 'n betrekking bekom het. Sy doen dieselfde met die ambulansdienste, die narkotiseur en verskillende dokters wat betrokke was by haar bevalling. Die volgende dag pos sy die briewe oppad hospitaal toe.

Baba Lodene toon merkwaardige beterskap met elke besoek. Lonika is dankbaar en verheug. Die verpleegkundiges plaas haar baba sorgvuldig op haar skoot. Dit is kosbare oomblikke as Lonika oor die babalyfie streel, moederwoordjies fluister en soms saggies neurie. "Elke beterskap is 'n oorwinning," dink Lonika as 'n buisie verwyder word. In die Intensiewe kindersorgeenheid heers 'n gemoedelike stemming. Die verpleegkundiges kommunikeer saggies onder mekaar. Lonika wieg soms haar baba liggies aan die slaap voordat sy vertrek.

Lonika ry laatmiddag deur die Johannesburgse verkeer huis toe. Haar baba is nou ses weke in die hospitaal. Die pediater is baie inskiklik met Lodene se vordering en gewig. Sy parkeer haar ma se motor en stap oudergewoonte posbus toe. Sy frons as sy 'n brief met die stempel van die hospitaal daarop ontvang. Sy skeur die koevert oop terwyl sy terugstap huis toe. Sy lees die tweede paragraaf twee maal om seker te maak dat sy die inhoud reg verstaan. "U skrywe verwys 30 Maart 1984. U versoek is ter tafel gelê gedurende die maandelikse bestuursvergadering. Daar is besluit dat u uitstaande hospitaalrekening teruggeskryf sal word." Lonika voel weemoedig as dankbaarheid haar gees vul. "Dankie Heer," fluister sy sag, onderdanig. Sy is gretig om die nuus met haar ouers te deel.

Die daaropvolgende dae ontvang Lonika dieselfde boodskap van Roodepoort Hospitaal asook haar Ginekoloog en narkotiseur. Daar word 'n pakkie by haar ouers se huisadres afgelewer met babakleertjies en heelwat lapdoeke. Lonika voel oorweldig van dankbaarheid. In die agtste week vanaf Lodene se geboorte, neem Lonika haar baba huis toe.

AGT-EN-TWINTIG

Lonika kyk deur die kombuisvenster na haar vierjarige dogtertjie wat haar voetjies van die sitplek afhang en heen-en-weer onder haar swaai. Lodene speel in die skaduwee van die groot moerbeiboom terwyl sy op en af, en langs die handgemaakte swaai, geselsies met haar denkbeeldige maatjie voer. Sy val op die gras neer en rol laggend op haar sy, weer op haar magie totdat sy haarself in 'n sittende posisie op die gras bevind. Sy hou haar voetjie vermakerig in haar handjie en leun met haar lyfie agteroor op haar vry armpie. Sy kyk opwaarts in die wolke in. Haar kinderlaggie vul die hemelruim as sy haar voetjie weer los en haar handjie speels uitsteek die lug in. Sy draai haar handjie in die rondte terwyl sy uitbundig laggende woordjies praat.

Lonika stap nuuskierig nader en gaan sit saggies langs Lodene op die gras. "Wie speel saam met jou?" vra sy glimlaggend, nuuskierig en verkyk haarself aan die kinderlike gesiggie wat met blinkogies na haar kyk. "Liewe Jesus," antwoord Lodene en gaan lê met haar koppie op Lonika se skoot. "Hoe dan anders?" dink Lonika geraak, as sy liefkosend oor Lodene se ruggie vryf. Sy glimlag sag en voel die vrede wat hulle omhul terwyl sy haar oë oor die boë van die hemelruim laat gly. Sy streel sag vertroetelend oor haar hemelblou-oog dogtertjie se blonde krulhaartjies. "Dankie Heer," fluister sy sag.

Die einde

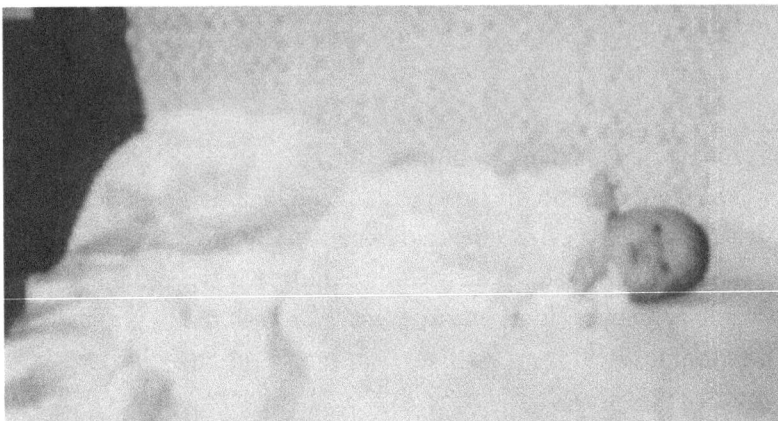

Father & Daughter

naledi

www.naledi.online

facebook.com/naledibooks